Heinrich von Kleist

Die Marquise von O...

INTERPRETATION

von Gisela Wand

STARK

Bildnachweis
Umschlagbild: Szenenfoto aus der Dramenfassung der Volksbühne Berlin von 2012
(Regie: Frank Castorf; als Marquise: Kathrin Angerer): ullstein bild – Lieberenz
S. 5: ullstein bild – Granger, NYC
S. 7: bpk/Kunstbibliothek, SMB/Knud Petersen
S. 9: bpk/Staatsbibliothek zu Berlin/Ruth Schacht
S. 17: bpk/RMN – Grand Palais/Franck Raux
S. 20, 88: bpk
S. 21: Doris Antony/wikipedia, CC-BY-SA 3.0
S. 30: picture-alliance
S. 34, 60: Wilfried Böing, Berlin
S. 49, 71, 83: ddp images
S. 54: ullstein bild
S. 62: picture alliance/Mary Evans Picture Library
S. 86: © Bettina Stoess
S. 96: © Teamtheater Tankstelle, München

© 2018 Stark Verlag GmbH
www.stark-verlag.de

Das Werk und alle seine Bestandteile sind urheberrechtlich geschützt. Jede vollständige oder teilweise Vervielfältigung, Verbreitung und Veröffentlichung bedarf der ausdrücklichen Genehmigung des Verlages. Dies gilt insbesondere für Vervielfältigungen, Mikroverfilmungen sowie die Speicherung und Verarbeitung in elektronischen Systemen.

Inhalt

Vorwort

Einführung 1

Biografischer Hintergrund 5
1. Leben und Werk Heinrich von Kleists 5
2. Entstehungsgeschichte der „Marquise von O." 22

Inhaltsangabe 25

Textanalyse und Interpretation 33
1. Struktur und Gestaltungsmittel der Novelle 33
   - Das Schema der Detektivgeschichte 33
   - Der Aufbau: fast ein Drama 36
   - Dynamik der Handlungsführung 40
   - Der Erzähler 41
2. Die Figuren 44
   - Die Randfiguren 45
   - Die Eltern der Marquise 47
   - Obristleutnant Graf F. 54
   - Julietta von O. 59
3. Besondere Aspekte 66
   - Der gute Ruf und die Entdeckung der
     Uneindeutigkeit des Menschen 66
   - Sprachlosigkeit bei Kleist 70
4. Interpretation ausgewählter Textstellen 76
   - Graf F.: die Einführung einer Person
     durch den Erzähler 76
   - Brautwerbung kurz gefasst: Kleists „dass"-Sätze 80
   - Landhaus und Gartenlaube: die fadenscheinige Idylle ... 85

Wirkungsgeschichte 93
Literaturhinweise 99

Autorin: Gisela Wand

Vorwort

Lieber Schüler, liebe Schülerin,

Heinrich von Kleists Erzählung *Die Marquise von O...* ist besonders populär geworden, seit *Brigitte* sie 2004 in einer Reclam-Sonderausgabe ihrer Weihnachtsnummer beifügte: als Gratisgabe und sozusagen als ein Muss für die Kundin von heute. Aber Kleists abgründiger Text hat wenig mit „Frauenliteratur" zu tun. Sie werden bald bemerken, dass Kleist generell nach der Identität des Menschen fragt und beide, Mann und Frau, durch das Fegefeuer ihrer Erkenntnis- und Identitätskrisen schickt. Die Interpretationshilfe öffnet Ihnen Zugänge in den Text hinein und erleichtert Ihnen das Verständnis für Kleists Sprache, seine dichterische Kraft und seine Gedankenwelt. Haben Sie Geduld mit der Lektüre: Schnelle Urteile und „glatte Lösungen" verschütten die Zugänge.

Nach einer Einführung in Kleists Biografie und Informationen zur Entstehungsgeschichte der Erzählung erhalten Sie eine ausführliche Inhaltsangabe als Arbeitsgrundlage. Die Analyse des Aufbaus und der Handlungsführung zeigt Ihnen die Nähe dieser Erzählung (und Novelle) zur Detektivgeschichte und zum Drama. Grafiken veranschaulichen ihre thematische Anlage und inhaltliche Gliederung im Überblick. Weil ein Schlüssel zum Verständnis der Kleistschen Welt in der ungewöhnlichen Haltung und Perspektive des Erzählers zu finden ist, wird auch dieses Thema im Vorfeld der Einzelinterpretationen gründlich behandelt.

Es folgen Charakteristiken der Haupt- und Nebenfiguren, die Rückbezüge zum Autor und seiner Zeit sowie psychologische Erwägungen einschließen. Auf alternative Interpretationsergebnisse wird an wichtigen Stellen hingewiesen.

Aus den Einzelanalysen ausgewählter Textstellen erfahren Sie, wie Kleist eine Figur inszeniert (1.) und was hinter seinen manchmal überlangen Sätzen steckt (2.); vor allem vertieft sich darin das Verständnis für das Problem der Täuschung und Selbsttäuschung, dem Kleists Menschen ausgesetzt sind (3.).

Aus der angeschlossenen Wirkungsgeschichte können Sie entnehmen, dass sich *Die Marquise von O…* – ebenso wie Kleists Werk insgesamt – zwar spät, aber dann mit Vehemenz durchsetzte. Das Verzeichnis ausgewählter Literatur führt vor allem aktuelle Titel auf, die Sie bei der Vorbereitung auf Referate und Klausuren unterstützen können.

Gisela Wand

Einführung

Heinrich von Kleist stammt aus einem preußischen Adelsgeschlecht. Er wurde nur 34 Jahre alt. Aber obwohl dieses kurze Leben unruhig und voller Abbrüche und neuer Projekte war, hinterließ uns Kleist neben kleinen Schriften und Briefen acht Dramen und acht Erzählungen, die noch immer aktuell sind und Leser ebenso wie Theaterleute und Filmemacher fesseln und herausfordern. Auch die Fachwissenschaft scheint mit Kleist noch lange nicht fertig zu sein: Allein 2007 erschienen unabhängig voneinander drei umfangreiche Kleist-Biografien und ein *Versuch über Kleist* mit dem Untertitel *Die Kunst des Geheimnisses um 1800*.[1]

Kleists Geburtsjahr 1777 liegt genau in der Mitte der drei Jahrzehnte, in denen die deutschen Romantiker von August Wilhelm Schlegel (1767) bis Joseph von Eichendorff (1788) geboren wurden. Aber Kleist hat nicht das Verschwebende, etwas Mondsüchtige der Romantik und erst recht nicht ihre Fähigkeit zur Lyrik. Kleist ist krass. Auch in seinen Erzählungen ist er ein Kämpfer, ein Dramatiker und bohrend Fragender, der die Konflikte bis zur Spitze treibt und seine Figuren Zerreißproben aussetzt, in denen sie abstürzen oder den Verstand verlieren wie der Marchese im *Bettelweib von Locarno* am Ende einer Reihe von atemlosen Rettungsversuchen (für die Kleist nur dreizehn Sätze braucht); oder sie müssen sich und die Wirklichkeit völlig neu zu begreifen lernen wie Julietta, die Marquise von O.[2]

Kleists Figuren erfahren – ähnlich wie beim geologischen Erdbeben in der Novelle *Das Erdbeben in Chili* – , wie brüchig die soziale und geistige Welt ist, die sie eben noch für einen stabilen Kosmos gehalten haben. Und sie müssen ihrer inneren Einsamkeit und Fragwürdigkeit sowie der Problematik ihrer Sexualität begegnen. So verwundert es nicht, dass das vorige Jahrhundert die eigene Lebenserfahrung in Kleists Menschenbild vorweggenommen fand. Besonders Franz Kafka, der Schöpfer des Gregor Samsa, liebte Kleist. In seinem Stil fand er „die Wurzel der modernen deutschen Sprachkunst". Von seiner Freundin Dora Diamant wissen wir, dass er ihr die *Marquise von O.* gleich fünf- oder sechsmal hintereinander vorgelesen hat. Ähnlich wie Kafka war auch Kleist ein schwieriger Mensch, scheu, ernst, selbstquälerisch und dazu imstande, das fertige Werk wieder zu vernichten. Und wie Kafka zeigt auch Kleist mitten im Ernst einen spezifischen Humor und den Blick für die Komik der Existenz.

Es gab aber auch die Vereinnahmung durch die Nationalsozialisten, die den Patrioten aus der Zeit der napoleonischen Kriege als einen der Ihren sehen wollten und phantasierten, dass Kleist, wäre er nur schon ein SS-Mann gewesen, sich am Ende nicht hätte erschießen müssen.[3]

Nach 1945 und vor allem in den politisch engagierten 70er-Jahren des 20. Jahrhunderts las man im Gymnasium bevorzugt den *Zerbrochnen Krug*, *Prinz Friedrich von Homburg* und *Michael Kohlhaas*, da man sich für die Spannung zwischen Individuum und Gesetz, Recht, Staat und Gesellschaft interessierte, die sich in diesen Werken Kleists entwickelt. Die betont politische Ausrichtung der Lernziele ist aktuell der eher philosophischen Frage nach der Doppelbödigkeit und Dunkelheit des menschlichen Ich und der Selbsttäuschung, Unzuverlässigkeit und Begrenztheit unseres Bewusstseins gewichen; beide Aspekte kommen in der *Marquise von O.* zum Ausdruck, der Erzählung, die einst als unerhört unanständig galt und heute nur noch als unerhört – als unerhört gut. Sie ist Kleists beliebteste Novelle.

Neben die Lektüre der *Marquise* sollte man aber gleich die kleine Schrift *Über das Marionettentheater* legen. Trotz ihrer knappen acht Druckseiten hat sie fast Kultstatus. Kleist greift darin auf den Mythos von der Vertreibung der Menschen aus dem Paradies zurück. Der Mensch hat, seit er vom Baum der Erkenntnis aß, die Sicherheit und Anmut des (paradiesischen) Naturzustandes verloren. An die Stelle der ursprünglichen träumerischen Selbstvergessenheit ist die Fähigkeit zur Reflexion und der Zwang zum alles infrage stellenden Zweifel getreten. Er ist nicht mehr – wie das Tier oder die mechanisch ausbalancierte Marionette – im Schwerpunkt seiner selbst, aber einen Weg hinter das Bewusstsein zurück gibt es nicht: Das Paradies ist verriegelt. Aus dieser Einsicht heraus entwirft Kleist das Projekt einer Lebensreise ganz durch das Bewusstsein hindurch in der Hoffnung, auf diese Weise am Ende die ersehnte Leichtigkeit vielleicht doch noch zu finden. Das *Marionettentheater* enthält also die kühne Idee einer intellektuellen Selbsterlösung.

Biografischer Hintergrund

1 Leben und Werk Heinrich von Kleists

Verglichen mit der Gradlinigkeit der meisten unserer Lebensläufe verlief das äußere Leben des Heinrich von Kleist unstet, abenteuerlich und nachgerade unübersichtlich. Mit ständig wechselnden Adressen war Kleist vom 23. Lebensjahr an unterwegs: ein Getriebener, ein Mensch „on the road", ohne festen Ort. Das liegt an der bewegten Zeit, in die er hineingeboren wurde, sowie am familiären Hintergrund; vor allem aber liegt es wohl an seinem unbedingten Anspruch an sich selbst.

Heinrich von Kleist (Gemälde nach der Miniatur von 1801)

Der Beginn dieser Vita entspricht dem Herkommen. Bernd Wilhelm Heinrich von Kleist kommt als preußischer Junker, als Sohn des Hauptmanns (Capitains) Joachim Friedrich von Kleist und seiner zweiten Ehefrau Juliane Ulrike, geborene von Pannwitz, 1777 in Frankfurt/Oder zur Welt. Als Geburtstag nimmt man den 10. Oktober an. Das pommersche Geschlecht der Kleists gehört zu den ersten **Offiziersfamilien** des Landes. Sechzehn Generäle und zwei Feldmarschälle sind daraus hervorgegangen, eine stolze Galerie von Kriegshelden und Vorbildern, an denen sich jeder Nachkomme messen lassen muss. Auch der Dichter in der Familie, Kleists Großonkel Ewald von Kleist, war

Offizier, und auch für Heinrich ist die militärische Laufbahn vorgesehen.

Standesgemäß erhält das Kind Privatunterricht von jungen protestantischen Theologen, die der Familie nahestehen und später namhafte Kanzelredner oder Professoren der Philosophie werden. Aus dem **Geist der Aufklärung** heraus vertreten sie eine Haltung, in der Vernunft und Christentum miteinander versöhnt erscheinen; seit den Zeiten Friedrichs des Großen ist aufklärerisches Gedankengut in Preußen verankert.

1788 wird Heinrich zur weiteren Ausbildung zu einem Prediger und Lehrer nach Berlin geschickt, der bereits zwei Vettern von ihm unterrichtet. Im gleichen Jahr, Kleist ist erst elf Jahre alt, verliert er seinen Vater. Seine Mutter stirbt wenige Jahre später 1793. Eine Tante (Auguste von Massow) wird dann den Haushalt mit den insgesamt sieben verwaisten Kindern führen.

Aus der ersten Ehe des Vaters stammen zwei Mädchen, von denen besonders die drei Jahre ältere **Halbschwester Ulrike** bis zum Tag seines Todes Kleists engste Vertraute sein wird. An sie gehen über ein Viertel der erhaltenen Briefe.

Es entspricht der Tradition, dass die Söhne früh aus dem Hause gegeben und in die preußische Militärmaschinerie eingegliedert werden. Heinrich ist erst vierzehn, als er **1792 als Gefreitenkorporal** – als Offiziersanwärter – in Potsdam in das 3. Bataillon Garde eintritt. Garderegimenter unterstehen dem König direkt, ihre Offiziere sind privilegiert und Teil der Hofgesellschaft, mit ihren Anliegen können sie sich unmittelbar an den König wenden.

1792 ist zugleich das Jahr, in dem das französische Revolutionsheer in die linksrheinischen Gebiete eindringt und Speyer, Worms und Mainz besetzt. In Mainz wird die Republik ausgerufen. Es beginnen die **Koalitionskriege** der alten Mächte Europas gegen Frankreich und den Geist der Revolution. Ab 1793 kämpft Kleists Einheit im Ersten Koalitionskrieg (1793/95) in der Rheinarmee. Kleist folgt seiner Einheit, nachdem die Mutter in Frankfurt/Oder beerdigt worden ist. Als Sechzehnjähriger steht er bereits in drei **Gefechten**. Er ist in seiner Jugend ein traditionsbewusster, königstreuer Edelmann, scheint keine Sympathie für das revolutionäre Frankreich zu haben und sieht in den französischen Bürgersoldaten Raubgesindel. Aber ihn bedrückt, was er erlebt. Am 25. Februar 1795 schreibt er an Ulrike:

Gebe uns der Himmel nur Frieden, um die Zeit, die wir hier so unmoralisch töten, mit menschenfreundlicheren Taten bezahlen zu können!

Preußische Uniformen aus dem letzten Viertel des 18. Jahrhunderts (Offizier und Musketier vom Königs-Regiment Nr. 18)

Auf den Sonderfrieden von Basel 1795, in dem Preußen sich Frankreich gegenüber zur Neutralität verpflichtete, folgen friedliche Jahre. Das 3. Bataillon Garde liegt wieder in seiner Garnison in Potsdam. Kleist berichtet, er sei gegenwärtig **mehr Student als Soldat**. So beschäftigt er sich vor allem mit Mathematik und Philosophie, nimmt aber auch Klarinetten- und Grammatikunterricht – da man Konversation auf Französisch machte, ist er in der deutschen Grammatik nicht ganz firm. Auf der Klarinette scheint er es so weit gebracht zu haben, dass er und seine Freunde sich einmal den Spaß machen, als reisende Musikanten durch den Harz zu ziehen. Das preußische Militärwesen dagegen wird ihm in dieser Zeit zunehmend fragwürdig. Er erlebt die berühmte militärische Disziplin als Produkt menschenunwürdiger Dressur und erträgt das Antiquierte eines Systems nicht, in dem Gehorsam durch Angst vor Strafen – noch immer gelten die Prügelstrafe und das Spießrutenlaufen – erzwungen wird. Er fühlt sich zwischen seinen Dienstpflichten und seinen entgegengesetzten Prinzipien als Mensch zerrissen (Brief vom 19. 3. 1799).

1799 ersucht er den König um seinen **Abschied** mit der Begründung, studieren zu wollen. Er weiß sehr wohl, dass die Familie seinen Schritt missbilligt, aber im Hochgefühl der frisch errungenen Freiheit verteidigt er ihn. Der Schwester schreibt er (Mai 1799):

[...] Ein freier denkender Mensch bleibt da nicht stehen, wo der Zufall ihn hinstößt [...]. Er fühlt, daß man sich über das Schicksal erheben könne, ja, daß es im richtigen Sinne selbst möglich sei, das Schicksal zu leiten. Er bestimmt nach seiner Vernunft, welches Glück für ihn das höchste sei, er entwirft sich seinen Lebensplan [...].

Solange ein Mensch noch nicht im Stande ist, sich selbst einen Lebensplan zu bilden, solange ist und bleibt er unmündig [...].

Der Seconde-Leutnant a. D. Kleist immatrikuliert sich an seiner Heimatuniversität Frankfurt/Oder. Als Adliger kann er nun entweder ein Gelehrter und akademischer Lehrer werden oder seinem König in einem Amt, als Beamter und Verwaltungsfachmann, dienen. Kleist belegt im Hinblick auf die zweite Laufbahn Jura und Kameralia (so etwas wie Verwaltungs- und Wirtschaftswissenschaften, zu denen Aspekte des Polizei- und Finanzwesens gehören). Vor allem aber studiert er mit großem Engagement Mathematik, Logik und Latein, hört Vorlesungen über deutsche Sprachlehre und Kulturgeschichte und baut seine **Vorstellung des Lebensplanes** aus. Er will nie wieder Werkzeug sein, sondern strebt das Glück an, das er in einem tugendhaften, handelnd sich erfüllenden, **selbstbestimmten Leben** zu finden hofft; darin ist er ganz ein Kind der Aufklärung. Und er will nichts Geringeres als die Wahrheit.

In seiner Heimatstadt verlobt sich Kleist 1800 mit der Generalstochter **Wilhelmine von Zenge**. Fortan ist er bestrebt, die Braut ebenso zu bilden und zu „veredeln" wie seine Schwester Ulrike. Er ist dreiundzwanzig und nennt sie „mein liebes Kind". Seine Moralvorstellungen und frisch erworbenen Kenntnisse gibt er an sie weiter, rät ihr, Schillers Dramen, insbesondere den *Wallenstein,* zu lesen und stellt ihr Denkaufgaben.

Kleist-Miniatur von Peter Friedel (1801)

Schriftlich soll sie zum Beispiel auf die Frage antworten: „Wenn beide, Mann und Frau, füreinander tun, was sie ihrer Natur nach vermögen, wer verliert von beiden am meisten, wenn einer zuerst stirbt?" Oder er fragt: „Sind die Weiber wohl ganz ohne Einfluß auf die Staatsregierung?" (Zusatz zum Brief vom 30. 5. 1800)

Wilhelmine wartet darauf, dass der nicht eben begüterte Verlobte bald zu einem Amt kommt, damit sie beide versorgt sind und heiraten können. Kleist aber scheint zu fliehen. Die fachwissenschaftlichen Spezialisierungen beginnen ihn bald einzuengen, er hält es nun für einen Irrtum, sich für die Wissenschaften entschieden zu haben. „Wissen kann unmöglich das Höchste sein – […] ach, es ist traurig, nichts weiter als gelehrt zu sein", urteilt er etwas später (Brief vom 5. 2. 1801). Er bricht das Studium nach drei Semestern ab und entzieht sich für die nächsten Monate durch eine Reise nach Würzburg.

Das Ziel dieser **Würzburger Reise** ist bis heute rätselhaft. Kleist deutet gegenüber Wilhelmine und Ulrike an, dass es sich um etwas Lebensnotwendiges handle, und beschwört sie zugleich, nicht weiter zu fragen und ihm zu vertrauen. Er reist in Begleitung des Freundes Ludwig von Brockes. Kleist hat sich mit Büchern verproviantiert, liest Rousseau und Fichte, konsultiert aber auch Ärzte und fasst die ersten literarischen Pläne. Die Betrachtung eines Würzburger Torbogens, dessen Steine seiner Meinung nach darum nicht stürzen, weil sie alle zugleich stürzen wollen (Zusatz zum Brief vom 16. 11. 1800), spiegelt gut sein Ringen um innere Balance. Das **Paradox wird zu seiner Denkfigur**.

Mehrfach findet Kleist künftig Beschäftigung in Berliner Ministerien und Ausschüssen (Deputationen), aber nach jeweils kurzer Zeit lässt er sich wieder beurlauben. Wenn er es nicht mehr aushält, reist er. Es wiederholt sich die Erfahrung, die er beim Militär gemacht hat.

Preußen betreibt zur Beförderung seiner Wirtschaft so etwas wie Industriespionage. Man scheint geneigt, Kleist Ende 1800 in solche Aufgaben einzubinden (Brief vom 25. 11. 1800), und stellt seine Verbeamtung in Aussicht. Aber Kleist weicht zurück. Er besitze nicht das nötige Maß an Verstellung und Raffinement zur Erlangung der erwünschten Informationen, schreibt er nach Hause, er fühle sich unfähig, eine Rolle zu spielen und fremden Zwecken dienstbar zu sein. Und einmal spricht er Klartext: „**Ich will kein Amt nehmen.**" (Brief vom 13. 11. 1800) Kleist spürt, dass er ganz andere, „seltenere" Fähigkeiten als die im Staatsdienst brauchbaren hat (ebd.). Er scheint sich mit allen inneren Kräften auf seinen Durchbruch zum Dichter zu konzentrieren. Die Weichenstellung zu einem Dasein als Dichter hat man lange in der sogenannten **Kantkrise** des Frühjahrs 1801 gesehen.

Immanuel Kant, der deutsche Philosoph der Aufklärung, hatte die Reichweite menschlicher Vernunfttätigkeit ausgelotet und die Grenze dort gezogen, wo Metaphysik beginnt. Glaubensfragen und die Annahme eines letzten Grundes oder einer absoluten Wahrheit verwies er in Bereiche außerhalb des rational Erschließbaren. Kleist folgt Kants Argumentation und sieht zugleich durch sie seine Erwartung zunichte werden, dass es eine fassbare überpersönliche Wahrheit gebe, die zu erstreben das höchste Ziel seines Lebensplanes war. Er macht Wilhelmine im Gleichnis plausibel, was ihn erschüttert:

> *Wenn alle Menschen statt der Augen grüne Gläser hätten, so würden sie urteilen müssen, die Gegenstände, welche sie dadurch erblicken, s i n d grün – und nie würden sie entscheiden können, ob ihr Auge ihnen die Dinge zeigt, wie sie sind, oder ob er nicht etwas zu ihnen hinzutut, was nicht ihnen, sondern dem Auge gehört. So ist es mit dem Verstande. Wir können nicht entscheiden, ob das, was wir Wahrheit nennen, wahrhaft Wahrheit ist, oder ob es uns nur so scheint [...] Ach Wilhelmine, wenn die Spitze dieses Gedankens Dein Herz nicht trifft, so lächle nicht über einen anderen, der sich tief in seinem heiligsten Innern davon verwundet fühlt. Mein einziges, mein höchstes Ziel ist gesunken, und ich habe nun keines mehr –*
> (Brief vom 22. 3. 1801)

Die heutige Kleist-Forschung vermutet in diesem Märzbrief an die Braut eher eine Inszenierung Kleists als eine schockartige Erkenntnis und jähe Krise. Wie relativ und unzuverlässig menschliche Erkenntnis ist und dass *die* Wahrheit uns nicht zugänglich sei, habe Kleist schon seit Längerem gewusst, aktuell aber habe er Distanz von jeglicher Vereinnahmung durch Amt oder Braut gesucht und solches Bedürfnis als Erkenntniskrise motiviert (Schulz, S. 206). Oder er habe die Krise inszeniert, weil er nicht offen zugeben konnte, dass er nichts anderes sein wollte als ein Dichter, doch das „galt in Preußen nicht als ehrenhaft" (Schmidt S. 12 ff.). Von Bedeutung bleibt, dass Kleist den anerzogenen Rationalismus infrage stellen muss und „dem Unmöglichen eine Möglichkeit gewährt" (Földényi S. 419), ohne doch ein Romantiker werden zu können. Er sieht den Menschen um die Bereiche des Traums, des Irrationalen und Unterbewussten erweitert und kennt die tiefe Sehnsucht nach dem Heilenden und Wunderbaren sowie der Erlösung durch die Religion (Brief vom 11.12.1800 an Ulrike) und am Ende durch den Tod. Dennoch bleibt er der Vernunft verpflichtet, deren Unzulänglichkeit ihm aber bewusster ist als den Aufklärern vor ihm. Für diese komplizierten, oft genug unsagbaren inneren Verwerfungen entwickelt Kleist eine so bisher noch nie vernommene Sprache; aus ihnen heraus leben seine Dramen und Erzählungen.

Wiederum also reist Kleist – diesmal **nach Frankreich**. Ulrike begleitet ihn. Er will nicht zurückkehren, bevor er nicht weiß, was aus ihm werden soll. Offiziell verlässt er Berlin, um in Paris seine Fachkenntnisse zu vertiefen.

Mit Pferd und Wagen und einem Diener brechen die Geschwister im April 1801 von Berlin aus auf, machen bei Freunden und namhaften Persönlichkeiten ihrer Zeit in Dresden, Halberstadt, Göttingen, Kassel, Frankfurt, Mainz und Straßburg Station, erleben Geselligkeit und Freundschaft und knüpfen Verbindungen. Während des **Parisaufenthalts** (Juli bis November 1801) werden sie von Alexander von Humboldt persönlich in Gesellschafts- und Gelehrtenkreise eingeführt und Kleist hört naturwissenschaftliche Kollegs; hier entsteht aber auch die erste Fassung der Erzählung *Die Verlobung in St. Domingo*, und Kleist beginnt seine Arbeit am großangelegten Dramenentwurf *Robert Guiskard, Herzog der Normänner*. Zwischendurch zweifelt er, ob er überhaupt je nach Deutschland zurückkehren wird. Selbstvorwürfe, Wilhelmine nur unglücklich machen zu können, nagen an ihm. Dann wieder baut er auf sein Genie und bittet um Vertrauen und Geduld: „Warte zehn Jahre und Du wirst mich nicht ohne Stolz umarmen!", verhieß er schon früher (13.11.1800). Er ist versucht, den ganzen „prächtigen Bettel von Adel und Stand und Ehre und Reichtum" fahren zu lassen, um unter welcher Sonne auch immer frei mit ihr zu leben (13.11.1800; 21.7.1801). Nun will er von Konventionen und Vorurteilen frei sein. Jahrelang unterschreibt er seine Briefe ohne Adelsprädikat.

In Paris fasst er den Entschluss auszusteigen. Er möchte im Geiste Rousseaus zurück zur Natur und sich **in der Schweiz als Bauer** niederlassen. Am 10. Oktober 1801 wird er 24 Jahre alt und damit mündig und berechtigt, über sein Vermögen zu verfügen. An diesem Tag bittet er Wilhelmine brieflich, ihm als seine Landfrau in die Schweiz zu folgen. Ulrike hält gar nichts vom Plan des Bruders und kehrt verärgert allein nach Frankfurt an der Oder zurück. Kleist findet Dichterfreunde in Bern und sucht ausführlich nach dem geeigneten Gehöft, zögert aber, da auch die Schweiz unter französischen Einfluss geraten ist. So mietet er nur ein kleines Haus auf einer Aare-Insel bei Thun. Er bleibt dort bis Mitte 1802: Auch die Idylle war nur ein Provisorium. Sein Vermögen zerrinnt. Wilhelmine lehnte es ab, ihm in die Schweiz zu folgen. Das Paar entlobt sich. Kleist wird ihr in Königsberg als der Gattin des Professors Traugott Krug, des Nachfolgers auf Kants Lehrstuhl, wiederbegegnen, während er immer noch und nichts anderes als nur ein „Anwärter" ist.

Äußerlich steht Kleist 1802 als ein **rundum Gescheiterter** da. Er hat die Ausbildung zum Offizier, zum Beamten und zum Landwirt abgebrochen und ist privat gescheitert. Er ist mittellos geworden, kann den Apotheker nicht bezahlen und macht Schulden: Permanent helfen die treue Schwester und Marie von Kleist, eine Verwandte und Freundin in Berlin, mit ihren Vermögen aus. Und dennoch lodert mitten in der Niederlage und Verzweiflung und trotz aller Anfechtungen in Kleist immer deutlicher und verzehrender der **Ehrgeiz**, sich als Dichter einen Namen zu machen. Schriftstellerische Anfänge aus der Zeit in Würzburg und Paris gewinnen im Aargau deutlichere Umrisse. Die Reisestationen haben etwas von Exerzitien an sich: Zurückgezogen will Kleist herausfinden, wer er ist. Im Aargau schreibt er sein Erstlingsdrama *Die Familie Schroffenstein*, das – vorerst anonym – in Bern und Zürich erscheint. Die Idee zum Lustspiel *Der Zerbrochne Krug* keimt in ihm, er treibt die Arbeit am *Guis-*

kard voran und entwirft unter anderen Projekten erste Szenen zur vielleicht schönsten deutschen Komödie, dem **Amphitryon**, in der dem Gott Zeus nichts anderes übrig bleibt, um sich der begehrten Erdenfrau Alkmene zu bemächtigen, als die Gestalt ihres Gatten Amphitryon anzunehmen. Nie weiß nun der eitle Gott, ob die Frau ihn selbst in seiner göttlichen Großartigkeit liebt oder doch nur den Gatten, und auch Alkmene stürzt – wie alle Kleistschen Helden und Heldinnen – in tiefste Verwirrungen des Gefühls und des Verstandes. In mancher Hinsicht ist sie eine Schwester der Julietta von O. Das für Kleist und die Romantiker gravierende Problem der Ich-Identität verkörpert sich im Doppelgängertum der beiden Amphitryons und spiegelt sich auf Diener-Ebene; was im Kern tragisch ist, erscheint doch unwiderstehlich komisch und leicht.

Der hochgeachtete Schriftsteller **Martin Wieland**, der Einfluss auf den Hof in Weimar, auf Goethe und das deutsche Kulturleben hat, lädt Kleist als Freund seines Sohnes zu sich nach Oßmannstedt bei Weimar ein. Seine Tochter Luise freut sich bald auf die Wiederkehr „dieses zauberischen Kleist" (Kraft, S. 67). Wieland findet ihn schwierig und verschlossen. Als er aber den in Gesellschaft gehemmten, oft verstummenden Gast eines Tages dazu bringt, ihm aus dem Gedächtnis ein Stück des *Guiskard* vorzutragen, ist er überwältigt. Er erkennt das **Meisterwerk** und rühmt Kleist als den kommenden deutschen Dichter:

Wenn die Geister des Aeschylus, Sophokles und Shakespear sich vereinigten eine Tragödie zu schaffen, so würde das seyn was Kleists „Tod des Guiscards des Normanns" sofern das Ganze demjenigen entspräche, was er mich damals hören ließ. Von diesem Augenblicke an war es bei mir entschieden, Kleist sei dazu geboren, die große Lücke in unserer dermaligen Literatur auszufüllen, die (nach meiner Meinung wenigstens) selbst von Göthe und Schiller noch nicht ausgefüllt worden ist.
(Brief Wielands von 1804; zit. nach Kraft, S. 61)

Das sind große Worte, die Kleist durchaus stärken. Dauerhaft festigen können sie ihn nicht. Nach dem gescheiterten Schweizer Projekt schlägt er sich ohne regulären Wohnsitz weiter durch. Einmal ist er in Dresden, dann in Leipzig bei Freunden, dann wieder zieht ihn sein guter alter Freund Ernst von Pfuel auf eine Fußreise nach Bern, Mailand, Genf und Paris mit, um ihn aus seiner Depression zu reißen. Kleist möchte mit Pfuel nach Australien auswandern oder sterben. In Wirklichkeit aber will er nichts anderes als den **Ruhm** und hält sich in guten Stunden dafür geschaffen, selbst **Goethe in den Schatten** zu **stellen**. Aber in Paris vermag er trotz aller Anstrengung nicht, seinen *Guiskard* über den ersten grandiosen Akt hinaus auf gleicher Höhe weiterzuführen. Er verbrennt das Manuskript. Aus der Schweiz hatte er der Schwester geschrieben:

> *Ich habe keinen anderen Wunsch, als zu sterben, wenn mir drei Dinge gelungen sind: ein Kind, ein schön Gedicht, und eine große Tat.* (Brief vom 1.5.1802)

Das „schön Gedicht", der *Guiskard*, sollte der Welt und der Familie zeigen, dass er bemerkenswert und des Namens Kleist würdig sei. Sein **Scheitern** macht ihn krank. „Nun ist es aus", schreibt er der Schwester, „ich stürze mich in den Tod" (26.10.1803). Er sucht den Tod in der Schlacht. „Mit blinder Unruhe" irrt er ohne Pass umher, schlägt sich schließlich in die Gegend von Dover (nach St. Omer) durch und will sich mit der französischen Invasionsarmee nach England einschiffen (Brief an Henriette von Schlieben, 2.8.1804). Zweimal schickt man ihn wieder weg. Dann setzen ihn Freunde mit einem Pass nach Potsdam in Marsch. Bevor er dort ankommt, scheint er monatelang in Mainz in der Obhut des mit Wieland befreundeten Arztes Dr. Wedekind geblieben zu sein.

Der preußische Botschafter in Paris hat Kleists befremdliche Exkursion zum Gegner nach Berlin gemeldet. Die Sache kann zur Kabinettsvorlage werden, ein Hochverratsprozess gegen

Kleist ist nicht ausgeschlossen. Dennoch wagt es Kleist im Sommer 1804, im Charlottenburger Schloss vorzusprechen. Der König nimmt ihm ab, dass ihn Gemütskrankheit ins französische Heer getrieben habe. Er sieht ihm seine Abschiede aus Militär- und Zivildienst, seine undurchsichtigen Auslandsaufenthalte und seine „Versehen" – gemeint ist sein dichterisches Werk! – nach und gibt ihm gnädig eine **neue Chance im Staatsdienst** (Bericht an Ulrike, Brief vom 24. 6. und 2. 8. 1804).

Im Mai 1805 tritt Kleist seinen Vorbereitungsdienst an der Domänenkammer im ostpreußischen **Königsberg** an. Er soll dort mit Examen abschließen und dann in Franken, im preußischen Ansbach-Bayreuth, bei der Durchsetzung einer Verwaltungsreform nach der Musterverfassung mitwirken, die sein Vorgesetzter und Gönner Freiherr von Stein zum Altenstein soeben ausarbeitet. Aber Preußen verliert das Fürstentum Ansbach an Bayern. Vor allem lässt sich Kleist knapp vor dem Examen und trotz aller Freundschaft, die Altenstein ihm entgegenbringt, im August 1806 endgültig aus dem Staatsdienst beurlauben.

Kleist muss seinen Unterhalt nun als **Schriftsteller und Verleger** verdienen. In Königsberg wuchs sein Werk weiter. Er arbeitete dort an der umfangreichen Novelle *Michael Kohlhaas,* am bereits begonnenen *Amphitryon* und am unheimlichsten Stück zum Geschlechterkampf, das die Literatur kennt, an der *Penthesilea.* Auch die *Marquise von O.* nahm vermutlich in der Königsberger Zeit Gestalt an.

Im *Guiskard*-Fragment, im *Michael Kohlhaas,* der *Penthesilea,* der *Marquise von O.,* sogar im *Amphitryon* und dann in Kleists wohl größtem Drama, dem *Prinzen von Homburg,* das erst nach seinem Tod gedruckt wird, entsteht oder herrscht **Krieg**. Kleist entnimmt seine Stoffe der antiken Mythologie oder der Geschichte, aber er behandelt darin die Themen, die ihn und seine Gegenwart bewegen. Aktuell ist Krieg. General **Napoleon Bonaparte**, vom Ersten Konsul zum Konsul auf Lebenszeit und 1804 zum selbsternannten Kaiser der Franzosen aufgestiegen, hat Europa politisch umgepflügt. Er beherrscht Italien, Spanien und Portugal, will von England Ägypten und Malta und isoliert es wirtschaftlich, das Rheinufer hat er zur französischen Grenze gemacht. Nach dem glänzenden Sieg über das österreichisch-russische Heer in der Schlacht von Austerlitz (1805) endet das Heilige Römische Reich deutscher Nation: Franz II. legt in Wien die Kaiserkrone des Alten Reichs nieder. Wo immer Kleist sich auf seinen Reisen aufhielt, in Würzburg ebenso wie in Bern und Thun in der Schweiz oder in Oberitalien, berannten französische Eroberer die Städte und Festungen. Nun aber geht sein Preußen schmachvoll unter. Als Friedrich Wilhelm III. 1806 mobil macht, weil Napoleon elementare preußische Interessen (die Bildung des Nordischen Bundes) torpediert, erklärt Frankreich Preußen den Krieg, fügt ihm bei **Jena und Auerstedt (1806)** die demütigendste Niederlage zu, marschiert durchs Brandenburger Tor in Berlin ein und vernichtet Preußen als Großmacht.

Einzug Napoleons durch das Brandenburger Tor nach der Schlacht von Jena und Auerstedt (Gemälde von Charles Meynier)

Als Kleist sich mit Freunden von Königsberg aus durchs besetzte Land nach Westen durchzuschlagen versucht, wird er Ende Januar 1807 von den Franzosen festgenommen. Man hält ihn für einen Spion und bringt ihn als **Staatsgefangenen** auf die Festung Joux bei Neufchâtel. Später verlegt man ihn nach Châlons-sur-Marne. Erst im August kommt er frei, muss sich aber beim französischen Kommandanten von Berlin zurückmelden.

Dann geht er mit den Freunden Pfuel und Rühle von Lilienstern **nach Dresden**, verkehrt mit den dort ansässigen Dichtern und gründet zusammen mit dem konservativen Staatsrechtslehrer Adam Müller die Zeitschrift **Phöbus**, ein Kunstjournal. Beide bemühen sich um die Lizenz zum Abdruck des *Code Napoléon* (oder *Code civil*), um ihr Unternehmen auch wirtschaftlich zu fundieren. Die Lizenz aber erhalten andere, und *Phöbus* kann sich nur wenige Nummern lang halten. Kleist veröffentlicht darin vor allem Eigenes, auch den rekonstruierten ersten Akt des *Guiskard*. Im zweiten Heft (Februar 1808) erscheint die *Marquise von O.* Ein Drama von ihm hat in Wien Erfolg, die Presse ist auf ihn aufmerksam geworden: Er wird zu einer Berühmtheit, in Salons finden Lesungen aus seinem Werk statt, an seinem 30. Geburtstag wird er bei einem Essen vom österreichischen Gesandten mit Lorbeer bekränzt. Schmerzlich aber bleibt für ihn die Reserviertheit und sogar **Ablehnung Goethes**. Dessen Inszenierung des *Zerbrochnen Kruges* in Weimar wurde ein Misserfolg; Goethe will seinen Namen nicht mit dem *Phöbus* in Verbindung gebracht sehen; er urteilt, Kleist sei „ein bedeutendes, aber unerfreuliches Meteor" (Kraft, S. 101).

Dresden ist die Hauptstadt des Königreichs Sachsen, das zu den Rheinbundstaaten gehört. Als Österreich Anfang April 1809 Frankreich abermals den Krieg erklärt, steht Sachsen zwangsläufig auf der Seite der Franzosen. Kleist verlässt daraufhin Dresden und geht mit dem Historiker Dahlberg, dem späteren Haupt der „Göttinger Sieben", nach **Prag**, wo sich damals alles sammelt, was die **Wiedergeburt Deutschlands** ersehnt (Kraft, S. 137). Nach 1806 ist Kleist zum Nationalisten und Napoleonhasser geworden. Er will seinem Vaterland durch seine Feder dienen, lässt grelle Kriegsgedichte kursieren, schreibt eine blutrünstige Gegenmarseillaise und ruft – ähnlich wie Schiller im *Wilhelm Tell* (1804) – im Drama *Die Hermannsschlacht* (1808) indirekt dazu auf, sich gegen den Aggressor zu erheben und ihn aus dem Land zu jagen. Wie die gesamte junge Generation vor den Befreiungskriegen spricht Kleist neuerdings statt von Preußen, Bayern oder Sachsen von „den Deutschen". Er setzt auf den Sieg Wiens und will eine Zeitschrift mit dem Titel *Germania* gründen. Der Revolutionsparole „Freiheit, Gleichheit, Brüderlichkeit" hält er die Parole „**Freiheit, Vaterland, Rache**" entgegen. Er erwägt sogar ein Attentat auf Napoleon. Aber Österreich muss bald einen Friedensvertrag mit Frankreich unterzeichnen und der Traum vom Widerstand ist vorerst aus.

Seine letzte Lebenszeit verbringt Kleist ab 1810 wieder in **Berlin**. Er verkehrt mit den Romantikern Arnim, Brentano, Tieck, Wilhelm Grimm und de la Motte Fouqué, besucht den Salon der Rahel Levin (verheiratete Varnhagen von Ense) und ist häufiger Gast bei Marie von Kleist und auch im Hause Vogel, wo er und die Ehefrau Henriette ganze Abende am Fortepiano verbringen und Choräle singen (Kraft, S. 172). Kleist erlebt die Veröffentlichung seiner Erzählungen in zwei Bänden. Der *Zerbrochne Krug* wird wahrgenommen, das romantisch-märchenhafte Ritterstück *Das Käthchen von Heilbronn* hat Erfolg, und Kleist ist glücklich über die Auszeichnung, der Königin Luise zum Geburtstag ein Sonett überreichen zu dürfen. Existenzgrundlage sollen die 1810 – abermals mit Adam Müller zusammen gegründeten – **Berliner Abendblätter** werden. Zunächst reißt man sich um diese Zeitung, sie ist populär. Kleist konzipiert sie als Organ der Aufklärung, veröffentlicht darin wichtige Aufsätze und Erzählungen, spickt sie aber mit aktuellsten Polizeiberichten, berichtet von Sport- und Theaterereignissen und unterhält mit Hofklatsch. Die Lust der Berliner am Kriminellen und Sensationellen hebt die Auflage. Aber Müller verärgert die Regierung, Kleist überwirft sich mit Iffland, dem Theaterintendanten in Berlin, und er verliert den ihm gewogenen Polizeipräsidenten als Informanten. Im Kabinett findet er keinen Fürsprecher mehr, seit Minister von Hardenberg seinen Freund von Altenstein im Amt abgelöst hat. Am 30.3.1811 muss das Abendblatt eingestellt werden. Nur Schulden bleiben.

Kleist stand immer wieder am Abgrund. „[E]s ging streng in ihm her, er war wahrhaft und litt viel", charakterisiert ihn Rahel Levin (Schulz, S. 532). Sein kurzes Leben lang hat er Freunde wie Pfuel und Freundinnen wie Marie von Kleist und Karoline von Schlieben mehrfach gebeten, mit ihm in den Tod zu gehen. Nun findet er in **Henriette Vogel** eine kluge, schöne Frau, die dazu bereit ist. Henriette Vogel hat Krebs und weiß, dass er unheilbar ist.

In Abschiedsbriefen begründet Kleist seinen Entschluss: Er wollte seiner Familie Ehre machen und sieht sich von den Geschwistern

Henriette Vogel

als „nichtsnutziges Glied der menschlichen Gesellschaft" verworfen. Auch die sich anbahnende Allianz zwischen seinem König und dem Feind, den Franzosen, drücke ihn nieder. In ihm sei eine festgewurzelte, unheilbare Traurigkeit, sagt er. Er ist wirtschaftlich am Ende und psychisch tief gekränkt. Er ist übermäßig dünnhäutig geworden:

Meine Seele ist so wund, daß mir, ich möchte fast sagen, wenn ich die Nase aus dem Fenster stecke, das Tageslicht wehe tut, das mir darauf schimmert. (an Marie von Kleist, 10.11.1811)

1 Leben und Werk Heinrich von Kleists / 21

Der Schwester schreibt er am Morgen seines Todes:
Du hast an mir getan [...], was [...] in Kräften eines Menschen stand, um mich zu retten: die Wahrheit ist, daß mir auf Erden nicht zu helfen war.

Kleist und Henriette Vogel gehen gelöst und voll Heiterkeit in den Tod. Sie übernachten in einem Gasthaus am Wannsee. Die Wirtsleute, die ihnen am Morgen des 21. November 1811 Tisch und Stühle auf einen kleinen Hügel stellen, glauben zwei glückliche, fast ausgelassene Menschen zu sehen. Dann hören sie zwei Schüsse: Kleist hat erst die Freundin und dann sich erschossen. Am Kleinen Wannsee befinden sich ihr Grab und ein Gedenkstein für Kleist.

Heinrich von Kleists Grab am Kleinen Wannsee mit der Inschrift „Nun, o Unsterblichkeit, bist du ganz mein."

Kleist erlebt nicht mehr, dass sein König die Aufführung des *Prinzen von Homburg* verbietet, weil darin ein preußischer Held vor Todesfurcht zittert. Er erlebt aber auch nicht mehr die Befreiungskriege, den Sieg über Napoleon in der Völkerschlacht von Leipzig (1813) und den endgültigen Sieg der Österreicher, Engländer und Preußen über Napoleon in der Schlacht von Waterloo (1815).

Übrig bleibt ein Paradox: Ohne den vielfach gescheiterten Heinrich von Kleist, der um die Anerkennung seiner Familie rang, wäre heute der Name Kleist vergessen. „Ein Quark wäre der Name Kleist ohne ihn", konstatierte Thomas Mann 1954. Und: „Ich weiß nicht, und kein Mensch weiß es mehr recht, welche strammen Verdienste um Brandenburg sich Majore und Generale von Kleist erworben haben, aber das weiß ich, dass es in Gottes weiter Welt nur einen Kleist gibt, und das ist er, der Dichter der *Penthesilea,* des *Michael Kohlhaas* und des einen kolossalen Aktes von *Robert Guiskard* […]" (Th. Mann, Leiden und Größe, S. 500).

2 Entstehungsgeschichte der „Marquise von O."

Kleists handschriftliches Original der *Marquise von O.* ist nicht erhalten, sodass man kein genaues Entstehungsdatum kennt. Möglicherweise entwarf er die Novelle bereits in der Königsberger Zeit (1805/06), oder er hat sie während seiner Gefangenschaft in Frankreich geschrieben und mit nach Dresden gebracht. Im Brief vom 17.12.1807 berichtet er Wieland, dass demnächst die *Penthesilea,* der *Zerbrochne Krug* und die *Marquise von O.* erscheinen werden. Er veröffentlicht die *Marquise* im Februar 1808 im zweiten Heft des *Phöbus.* 1810 erscheint sie das zweite Mal zu Kleists Lebzeiten im ersten Band der gesammelten Erzählungen, die der Berliner Verleger Reimer herausbringt. Textabweichungen zwischen dem ersten und zweiten Abdruck weisen darauf hin, dass Kleist noch einmal überarbeitend eingegriffen hat. Da dieser zweite Abdruck als Fassung letzter Hand gilt, ist er in der Regel heute zu lesen.

Adam Müller, der Mitherausgeber des *Phöbus,* ist von Kleists Dichtergenie überzeugt und vermag neben Wieland die *Marquise* zu würdigen. Er spricht von dieser „in Kunst, Art und Styl gleich herrlichen Novelle", erwähnt die „moralische Hoheit dieser Geschichte", ihre „Herzensergreifung" und „königliche Wahrheit" und sieht, dass es Kleist nicht auf äußere Spannung angekommen war, da man auf der zweiten und dritten Seite das „irdische Geheimnis" ja schon wisse, sondern auf die Verwicklung der Heldin in einen riesigen Knoten, zu dessen Lösung sie allmählich die innere Stärke gewinnt (nach Schulz, S. 368 f.). Müller betont die Komplexität der Kleistschen Kunst, die übersehen wird, weil das Publikum sich erst einmal über den Inhalt ereifert: Die Kritiker empören sich im Namen der Damen über die Schamlosigkeit eines Dichters, der sie mit seiner Schwangerschafts- und Vergewaltigungsgeschichte erröten mache.

Es ist nicht bekannt, woher Kleist die Anregung zur *Marquise* bekam. Es gibt keine eindeutige Quelle, wohl aber Geschichten um das alte **Motiv der unwissentlichen Empfängnis**. Sie alle sind mehr oder weniger schwankhaft oder anekdotisch. Schlicht und linear erzählen sie vom skandalösen Vorkommnis der zunächst unbegründbaren Schwangerschaft, die dann eine natürliche Erklärung findet. Diese flachen Geschichten haben sonderbarerweise nie zu einem Aufschrei in der Öffentlichkeit geführt. Eher belustigt und mit heimlichem Schauder schien man stattdessen zur Kenntnis zu nehmen, was sich an Ungeheuerlichem so zwischen Himmel und Erde zutragen kann. Kleists Novelle dagegen wird als Zumutung und Provokation empfunden. Vielleicht liegt bei ihm das Skandalon nicht in erster Linie im Inhalt, sondern darin, dass man lesend das Schicksal der Marquise nachvollzieht, sich mit ihr identifiziert und nachträglich aufgrund der Möglichkeit dieses Vorganges vor sich selbst erschrickt.

Die älteste dieser Geschichten, die Kleist gekannt haben könnte, erzählt der französische Philosoph Michel de Montaigne 1588. Darin ist eine Bäuerin so betrunken, dass sie nicht bemerkt, wie der Knecht sich an ihr vergeht. Kleist könnte hier das Vorbild für **die öffentliche Annonce** der *Marquise* gefunden haben, denn die Bäuerin lässt von der Kanzel der Kirche herunter publik machen, dass der Kindsvater sich melden möge und dass sie ihm verzeihen und ihn heiraten wolle.

Unter den *Beispielhaften Novellen (Novelas ejemplares;* 1613) von Miguel de Cervantes findet sich die Erzählung *Von der Macht des Blutes.* Darin erleidet eine gewaltsam Entführte eine Ohnmacht und wird in diesem Zustand vergewaltigt. **Die Ohnmacht** der Marquise könnte hier vorgebildet sein.

Eine außerordentlich unappetitliche Erzählung zum Thema erschien 1798. Darin bekommt ein reisender Kaufmann im Gasthof nur noch das Zimmer, in dem eine vermeintlich Tote liegt. Er betrachtet sie und fällt über sie her. Auf dem Weg zum Begräbnis kommt die nur Scheintote wieder zu sich. Als sich bald darauf herausstellt, dass sie schwanger ist, verstößt sie der Vater. Jahre später kehrt der Kaufmann erneut in dem Gasthaus ein und hört von dem Unglück der jungen Frau. Er bekennt seine Schuld und bereut, sodass am Ende alles wieder gut wird. Diese Geschichte hat mit der *Marquise* **die Verstoßung der Schwangeren durch den Vater** und **die Reue des Täters** gemein.

An den Anekdoten-Stil knüpft Kleist an. Auch er gibt vor, „nach einer wahren Begebenheit" zu erzählen, die beteiligten Personen aber durch Verlegung des Schauplatzes von Norden nach Süden zu schützen (Vorbemerkung, S. 104). Da Neapel und Konstantinopel erwähnt sind, stellt man sich auch unter M., P. und V. reale Städte wie Mailand (oder Modena), Padua und Verona vor. Tatsächlich hatte Napoleon Oberitalien und Neapel an sich gebracht. Im Zweiten Koalitionskrieg (1799–1802) aber wurden solche Gebiete von Russen und Österreichern zurückerobert, sodass die russische Erstürmung einer unter französischer Flagge kämpfenden Festung glaubwürdig erscheint. Der **Eindruck der Authentizität** wird durch die Reduktion der vermeintlich bekannten Nachnamen auf ihre Initialen (die Anfangsbuchstaben) noch gesteigert. Nachforschungen nach einem Obristen von G., einem Grafen F. und einer Marquise von O. blieben allerdings im preußischen Raum ebenso ergebnislos wie in und um Mailand (oder Modena) herum.

Inhaltsangabe

Die Erzählung beginnt mit einer Sensation. In M. in Oberitalien ist eines Tages in der Zeitung eine Anzeige zu lesen, in der eine Dame der besten Gesellschaft, die Marquise Julietta von O., nach dem Mann des Kindes sucht, mit dem sie schwanger ist. Sie gibt bekannt, dass sie ihn zu heiraten gewillt ist.

Nach diesem Vorgriff werden der Ort des Geschehens und die handelnden Personen näher vorgestellt, und der Leser wird Zeuge der komplizierten äußeren und inneren Geschichte, die die Marquise schließlich dazu veranlasst, die Annonce aufzugeben.

Frau von O. hatte zusammen mit den beiden Töchtern und ihrem Gemahl auf ihrem Landsitz in V. gelebt. Nach dem Tod ihres Mannes kehrte die junge Witwe mit den Kindern zurück ins Elternhaus. Eine neuerliche Vermählung zieht sie nicht in Betracht. Ihr Vater, Lorenzo von G., fungiert im Rang eines Obristen als Kommandant einer Festung, die die Stadt M. sichern soll. In dieser Anlage (der Zitadelle/dem Fort) befindet sich als Kommandantenwohnung ein Schloss. Darin leben die O. und ihre Familie seit drei Jahren friedlich, als plötzlich in erneut ausbrechenden Kriegshandlungen eine russische Einheit angreift.

Im Kampf um die Zitadelle nimmt der Kommandant keine Rücksicht auf die Familie. Obgleich bereits die Magazine in Brand geschossen sind, ergibt er sich nicht, sodass der Gegner einen nächtlichen Sturmangriff unternimmt. Im Schloss bricht Feuer aus. Auf der Flucht vor den Flammen innen und vor Schusswechseln draußen im Hof gerät die Marquise in die Hand des Feindes. Fünf russische Scharfschützen sehen in ihr schon die sichere Beute, als ein russischer Offizier mit dem Degen dazwischenfährt und die Dame in Sicherheit bringt. Sie erlebt ihren Retter gerade noch wie einen „Engel des Himmels" (S. 105) und verliert dann die Besinnung. Bald darauf sind ihre Frauen wieder bei ihr. Der russische Retter, es ist der Obristleutnant Graf F., kehrt in den Kampf zurück (S. 106).

Bei Tagesanbruch inspiziert der General der russischen Eroberer die Lage. Als Sieger und Besiegter bei dieser Gelegenheit Höflichkeiten austauschen, trägt der Obrist von G. auch den Wunsch vor, dem jungen Obristleutnant von F. danken zu dürfen. Der General vernimmt, was vorgefallen ist, lässt F. vortreten und lobt ihn vor versammelter Mannschaft. Er ist entschlossen, die fünf Täter zu erschießen. F. aber wirkt außerordentlich verstört und behauptet, die Leute nicht identifizieren zu können.

Die Russen ziehen noch am gleichen Vormittag ab. Da in der Eile G. und seine Familie, besonders aber die Marquise, keine Gelegenheit mehr hatten, dem Grafen F. persönlich zu danken, überlegen sie, wie sie das nachholen können. Aber bald hören sie bestürzt vom Tod des F.: Er sei kurz nach dem Abzug aus der Festung in einem Gefecht tödlich verwundet worden.

Ein russischer Kommandant bezieht nun die Festung, wohingegen Obrist von G. und seine Familie in ein Stadthaus in M. umziehen. Wochen vergehen. Man hat seinen gewohnten Lebensrhythmus wieder gefunden, nur die Marquise weiß nicht recht, was mit ihr ist, und bekennt ihrer Mutter, der Obristin, dass sie sich ab und zu so fühle wie während der Zeit ihrer Schwangerschaften. Beide, Mutter und Tochter, finden das recht verrückt und scherzen darüber.

Wenig später ist die ganze Familie sprachlos vor Staunen, weil der tot geglaubte Graf F. plötzlich bei ihnen erscheint. Auch der Bruder der Marquise, der Forstmeister von G., ist zufällig anwesend. Man fasst es kaum, dass F. lebt, aber der hält sich nicht lange bei der Geschichte seiner Genesung auf, sondern er-

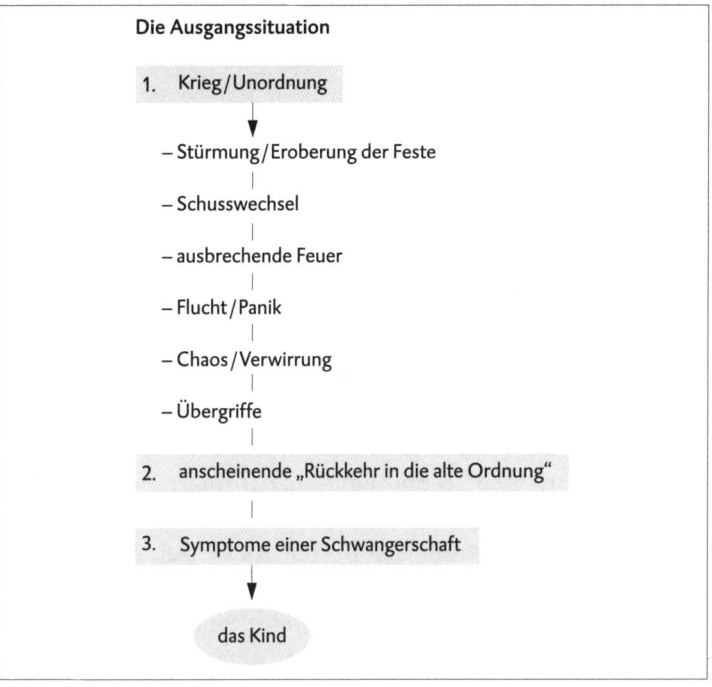

kundigt sich eindringlich nach dem Befinden der Marquise und platzt mit einem Heiratsantrag heraus. Er begründet seine Eile damit, dass er umgehend wieder aufbrechen und mit Depeschen nach Neapel und vielleicht sogar nach Konstantinopel gehen müsse. Er weiß, dass niemand begreifen kann, was er doch preisgibt, dass er eine Schuld dringlich wiedergutmachen müsse, dass ihn einzig der Gedanke an die Marquise habe genesen lassen, dass er sich durch die Bedenkzeit, die der Obrist nun im Namen der Marquise fordere, „völlig [...] ins Elend gestürzt sehe" (S. 113).

Als man ihm anbietet, nach der Rückkehr aus Neapel einige Zeit Gast der Familie zu sein, damit man Gelegenheit habe, sich kennenzulernen, ist er zum Entsetzen aller bereit, lieber sofort zu bleiben und seine Depeschen ins Hauptquartier zurückzubeordern. Solch eigenmächtiges Handeln kann mit Festungshaft oder sogar mit entehrender Entlassung aus dem Militärdienst (mit Kassation) geahndet werden, aber F. lässt sich nicht umstimmen und bezieht seine Zimmer. Vergeblich zerbricht sich die Familie den Kopf über die mögliche Ursache dieses ihr unverständlichen Betragens. Man sucht einen Kompromiss. Mit Einwilligung der Marquise gibt man dem Grafen schließlich die Versicherung, dass sie sich nicht anderweitig vermählen werde, bis er aus Neapel zurückgekehrt sei. Überglücklich empfängt der Graf diese Botschaft, stürzt sich der Marquise zu Füßen, umarmt alle Familienmitglieder und sieht sich schon als Verlobter. Mit dem Wagen des Forstmeisters jagt er nun seinen Depeschen nach, um sie durch eine Abkürzung einzuholen und doch noch eigenhändig an ihren Bestimmungsort zu bringen.

Im Verlauf der folgenden Wochen verdichtet sich in der Marquise das beunruhigende Gefühl, für das sie keinerlei Ursache weiß. Sie spürt die Anzeichen einer Schwangerschaft, die sie in Anbetracht ihres Lebenswandels für eine Sinnestäuschung und Einbildung halten muss. Sie ruft den Arzt, der ihr bestätigen soll, dass sie sich täuscht. Als dieser aber eine Schwangerschaft diagnostiziert, fasst sie es nicht und fühlt sich schwer beleidigt. Der Widerspruch zwischen dem eigenen Empfinden, dem Befund des Arztes und ihrem reinen Bewusstsein droht sie zu zerreißen. Beruhigen kann sie jetzt nur noch eine Hebamme. Als diese aber ganz vergnügt das Urteil des Arztes bestätigt, sinkt die Marquise in Ohnmacht. Die verzweifelte Frage der Marquise nach der Möglichkeit einer unwissentlichen Empfängnis verweist die Hebamme in den Bereich der Legende.

Frau von G., die Mutter der Marquise, war schon angesichts der logischen Ungereimtheit außer sich, ein reines Gewissen haben zu wollen und dennoch die Hebamme zu bestellen. Sie beginnt an der Aufrichtigkeit ihrer Tochter zu zweifeln; es empört sie die Zumutung, an eine Ausnahme von den Naturgeset-

zen (an „ein Märchen von der Umwälzung der Weltordnung",
S. 122) glauben zu sollen. Aber sie ist bereit, ihrer Tochter einen
Fehltritt zu verzeihen, wenn diese ihr nur gestehen wolle, wer
der Vater des Kindes sei. Da die Marquise dazu außerstande ist,
verflucht die Mutter sie und sucht den Vater auf. Unmittelbar
darauf lässt der Vater seiner Tochter schriftlich mitteilen, dass
sie sein Haus zu verlassen habe.

In Schmerz und Verzweiflung fleht die Marquise die Eltern
an, ihr zu vertrauen. Aber da sie sich zu ihrem Vater zu drängen
versucht, reißt dieser eine Pistole von der Wand. Ein Schuss löst
sich und fährt in die Decke. Der Bruch zwischen der Marquise
und ihren Eltern ist damit besiegelt. Als der Bruder im Namen
des Vaters sie auch noch auffordert, ihre beiden Kinder zurückzulassen, weist sie diesen Anspruch so entschieden zurück, dass
niemand sie weiter aufzuhalten wagt.

Die Marquise ist nahe daran, den Verstand zu verlieren. Aber
auf dem Tiefpunkt der Krise gewinnt sie ein bisher unbekanntes
Selbstbewusstsein und richtet sich trotz der Unbegreiflichkeit
ihres Zustandes im Wissen um ihre Unschuld innerlich wieder
auf. Sie lebt fortan zurückgezogen in ihrem Landhaus in V., widmet sich ihren Töchtern und dem entstehenden Leben in ihr
und überlässt sich dem natürlichen Gang der Dinge. Sie will
sonst keinen Menschen sehen und hat Befehl gegeben, niemanden einzulassen. Auch später, nach der Geburt, plant sie, angenehm, aber einsam mit ihren Kindern so weiterzuleben. Je näher
allerdings der Termin für die Geburt kommt, desto intensiver
denkt sie über die Zukunft des ihr rätselhaften Kindes und über
seinen möglichen Vater nach. Um ihm die bürgerliche Schande
der Vaterlosigkeit zu ersparen, entschließt sie sich endlich, die
Anzeige in die Zeitung setzen zu lassen.

Gerade um diese Zeit kehrt Graf F. von seiner Mission aus
Neapel zurück. Als man ihn im Haus des Kommandanten über
die Schande aufklärt, die die Marquise über die Familie gebracht

habe, beteuert er, dass sie mehr wert sei als alle anderen, dass er sie besser sofort hätte heiraten sollen und dass er eile, ihr seinen Antrag zu wiederholen.

Obwohl der Türsteher vor dem Landgut in V. ihm den Zutritt verwehrt, gelingt es ihm, durch ein Gartenpförtchen einzudringen. Beglückt findet er die Hochschwangere in einer Laube. Auch sie scheint sich zu freuen. Als er aber unter Zärtlichkeiten seinen Heiratsantrag erneuern will, stößt sie ihn fort und flieht ins Innere des Hauses. Er muss die Erfolglosigkeit seines Versuchs erkennen, sich ihr auf diesem Weg zu erklären, und überlegt, ihr nun zu schreiben, als man ihm in einem Gasthaus die Sensation der letzten Tage, die Zeitung mit der Anzeige der Marquise von O., zu lesen gibt. Der Graf liest gebannt und scheint aus dem Inhalt zu erfahren, was er nun zu tun hat.

Seit dem Schuss und der rigorosen Verstoßung der Tochter hadert die Obristin damit, sich ihrem Mann widerspruchslos gefügt zu haben. Dunkel spürt sie, dass sie der Tochter Unrecht

Der Graf (Bruno Ganz) nähert sich der schwangeren Marquise (Edith Clever), Szene aus der Verfilmung von Eric Rohmer von 1976

getan hat. Als dann die Zeitungsannonce erscheint und bald darauf die ebenfalls in die Zeitung gesetzte Antwort eines Unbekannten, sich der Marquise am bestimmten Termin im Haus ihres Vaters zu Füßen werfen zu wollen, hält dies der Obrist für das abgekartete Spiel einer Heuchlerin, die sich nur wieder ins Elternhaus einschleichen wolle. Was ihn allerdings irritiert, ist die briefliche Bitte der Marquise, den Fremden, der sich melden werde, zu ihr hinaus ins Landhaus zu schicken. Die dadurch noch unsicherer werdende Obristin ersinnt nun eine List. Sie widersetzt sich diesmal dem Willen ihres Gatten, fährt mit einem Angestellten, dem Jäger Leopardo, hinaus nach V., wird von der Tochter empfangen und erklärt ihr, den bereits mitgebracht zu haben, der sich als Vater des Kindes in der Zeitung gemeldet habe. An der Bestürzung ihrer Tochter, besonders an ihrer Spannung zu erfahren, wer es denn nun sei, der sich gemeldet habe, sieht sie, dass sie es keineswegs mit einer Heuchlerin zu tun hat. Sie nennt Leopardo, den Jäger, als den Schuldigen, der nun bereue, und erlebt zu ihrer Bestürzung, dass die Tochter in ihrer Erinnerung auf eine Szene stößt, die Leopardo als Täter infrage kommen lässt. Die Mutter ist nun von der Unschuld der Tochter überzeugt und schämt sich fast zu Tode, sie mit einem falschen Spiel geprüft zu haben. Sie nimmt sie wieder mit nach M. und gelobt, sich eher vom Vater trennen zu wollen als von ihr. Der rührenden Versöhnungsszene zwischen Mutter und Tochter folgt die alles überbietende Zerknirschung des Obristen und dessen tränenreiche Versöhnung mit seinem Kind.

Am kommenden Vormittag wartet die Familie gespannt auf den, der sich um 11 Uhr einfinden wird. Die beiden Frauen sitzen im Besucherzimmer, die Männer halten sich nebenan bereit. Ausgerechnet Leopardo, der Jäger, erscheint als Erster. Aber er meldet nur den Besucher. Es ist Graf F., gekleidet in genau die Uniform, die er bei der Erstürmung der Festung trug. Die Marquise begreift nicht. Sie glaubt, dass der Graf zufällig und keineswegs auf die Anzeige hin bei ihnen vorspreche, und will vor Scham flüchten. Die Mutter aber durchschaut die Zusammenhänge. Erst jetzt fällt es ihr wie Schuppen von den Augen, was das frühere Benehmen des Grafen zu bedeuten hatte. Sie sieht seine tiefe Reue und Liebenswürdigkeit und dringt auf Verzeihen und Vergeben alles Gewesenen und auf Vermählung. Die Marquise aber ist, als auch sie endlich begreift, wie eine Rasende, verflucht den Grafen, erklärt, alle, nur nicht ihn heiraten zu können, und eilt hinaus.

Ihre Eltern mahnen sie, ihr Versprechen einzuhalten und ihrem Kind den Vater zu geben. Aber die Marquise erklärt, nun eher an sich als das Kind denken zu müssen. Auf die Frage, was ihr ausgerechnet den Grafen F. so verhasst mache, schweigt sie. Formell wird die Vermählung vollzogen, aber nach der Trauung wendet sich die Gräfin, wie die Marquise jetzt heißt, vom Grafen ab.

Erst zur Taufe des Kindes ist er wieder zugelassen. Er beschenkt das Kind und setzt die Mutter als Erbin seines Vermögens ein. Im Laufe des kommenden Jahres reift allmählich die Bereitschaft zum Verzeihen und zu herzlicher Zuneigung in Julietta. Erst nach einem zweiten Jawort und einem Hochzeitsfest werden sie ein Paar. Sie wohnen fortan in V. und gründen eine kinderreiche Familie. Der Schlusssatz löst das Rätsel der zunächst unversöhnlichen Ablehnung des Grafen durch die Marquise.

Textanalyse und Interpretation

1 Struktur und Gestaltungsmittel der Novelle

Als das auffälligste Merkmal, das eine Erzählung zur **Novelle** macht, hat Goethe die „sich ereignete unerhörte Begebenheit" genannt (an Eckermann, 15. 1. 1827). Kleist berichtet in der *Marquise von O.* sogar von drei unerhörten Begebenheiten. Die erste und zweite erfährt der Leser sofort:
- Eine Dame von Stand sucht per Zeitungsanzeige nach dem Vater ihres Kindes. Sie nimmt keine Rücksicht auf ihren Ruf und den guten Namen ihrer Familie und setzt sich dem Spott der Gesellschaft aus.
- Die unwissentliche Schwangerschaft ist als zweite Ungeheuerlichkeit in der ersten enthalten.
- Mit der dritten brüskiert Kleist abermals den Stand, dem er selbst angehört: Ein Offizier und Edelmann hat eine Vergewaltigung auf dem Gewissen.

Kleist erzählt von diesen Vorkommnissen so, dass die Novelle äußerlich einer Kriminal- oder Detektivgeschichte gleicht und im Tempo der Abläufe ebenso wie im Aufbau der Episoden Züge des Dramas trägt.

Das Schema der Detektivgeschichte

Die *Marquise* beginnt mit einer Vorwegnahme, eben dem Ereignis jener Anzeige. Ein Kind ist gezeugt worden. **Gesucht wird der Täter**, der Vater des Kindes (S. 104).

In der anschließenden großen Rückwendung berichtet der Erzähler von den Geschehnissen in den wohl sieben bis acht Monaten, die dieser Anzeige vorausgegangen sind. Erst nach 23 Seiten hat der Text seinen Anfang wieder eingeholt.

Das berühmteste literarische Vorbild für Kleists Detektivschema ist die antike Tragödie „**König Ödipus**" von Sophokles (425 v. Chr.). Laios, der alte König von Theben, wurde ermordet. Ödipus, sein Nachfolger, nimmt es in die Hand, den Tathergang zu klären, also nachträglich das bereits Geschehene noch einmal aufzurollen, um den Täter zu finden. Je näher er der Wahrheit kommt, desto näher kommt er sich selbst. Am Ende muss er sich ganz erkennen: als Sohn des Laios und als dessen Mörder. Sophokles hat den Prozess des lange verblendeten, sich selbst erkennenden Menschen so wahr und erschütternd dramatisiert, dass Kleist sein Leben lang nicht mehr davon loskommt. Die Problematik des Erkennens ist auch sein zentrales Thema. Ins Komische gewendet übernimmt er **die analytische Struktur** des *König Ödipus,* also die nachträgliche Aufklärung des Geschehenen, für sein Lustspiel *Der zerbrochne Krug.* Darin sind – wie bei Sophokles – Untersuchungsrichter und Täter ein und derselbe. Die Erzählung *Das Bettelweib von Locarno* kann man als *Ödipus*-Variation und Erkenntnistragödie lesen, und auch die *Marquise von O.* folgt als analytisch angelegte Erzählung um den Kern der Erkenntnisproblematik herum dem Vorbild des *Ödipus.*

Der Graf (Lucas Gregorowicz) vergeht sich an der Marquise (Dörte Lyssewski), Szene aus der Dramenfassung von Ferdinand Bruckner (Schauspiel Bochum 2001)

Viele Signale verweisen auf den Grafen F. als Täter, aber die Marquise scheint sie nicht zu bemerken. Ihrem gesunden Menschenverstand (und auch dem ihrer Angehörigen) hätte sich im Laufe der Zeit enthüllen müssen, wessen Kind sie erwartet. Aber obwohl der Graf zweimal bei ihr erscheint, um dringlich – und immer nah am Schuldbekenntnis – um ihre Hand anzuhalten, vermag sie keine Verbindung zwischen ihm und ihrer Schwangerschaft herzustellen. Als sich schließlich der Graf als der gesuchte Vater und Täter selber stellt, ist sie außerstande, diese Wahrheit zu akzeptieren. Nur die Obristin, ihre Mutter, begreift. Mühsam bringt sie hervor: „Julietta! [...] wen erwarten wir denn [...], wen sonst, wir Sinnberaubten, als ihn – ?" (S. 140)

Die beunruhigend hintergründige **Komik** dieser Detektiv- oder Enthüllungsgeschichte liegt darin, dass der Täter alles daran setzt, gefunden zu werden, während das Opfer, die Marquise, den Skandal nicht scheut, um ihn zu finden, aber in einer ihr selbst verborgenen Schicht ihres Daseins offensichtlich alles daran setzt, ihn nicht zu erkennen. So kann man die *Marquise* als paradoxe und ironische Detektivgeschichte, als **Detektivgeschichte mit umgekehrtem Vorzeichen** lesen.

Die dringlichere Frage scheint aber gar nicht die nach dem Täter, dem unbekannten Vater des Kindes, zu sein, sondern die nach dem Grund für die *Sinnberaubtheit* – die Erkenntnishemmung und Blindheit – der Marquise. Anfangs anscheinend unanfechtbar (wie Ödipus), gerät auch sie (wie Ödipus) in eine Erkenntnisaporie (einen unlösbaren Widerspruch), die selbstzerstörerisch zu werden droht; auch sie muss sich und das, was sie ins Überirdische verklärte, am Ende als Teil der gebrechlichen Welt begreifen.

Kleist gibt seiner Novelle den Namen der Frau. Thema sind aber beide, Mann und Frau. Graf F. muss ebenso wie auch die Marquise von O. zu einer neuen personalen Identität gelangen. Die Novelle hat folglich **zwei Brenn- oder Schwerpunkte:** Obwohl Kleist keine ausdrückliche Kapiteleinteilung vornimmt, kann man fünf Erzählabschnitte oder Kapitel erkennen. Im ersten und zweiten Kapitel konzentriert sich die Aufmerksamkeit vor allem auf den Grafen. Im Mittelpunkt des dritten und vierten Kapitels steht das Schicksal der O. Im fünften Kapitel kommt es zur anscheinend heillosen Konfrontation der beiden in Anwesenheit der versammelten Familie, also vor Zeugen.

Die inhaltlichen Schwerpunkte im Aufbau der Novelle

Kap. 1 (S. 104–109)	im Mittelpunkt	
Kap. 2 (S. 109–119)	Graf F.	Kap. 5 (139–142):
		die dramatische
Kap. 3 (S. 119–130)	im Mittelpunkt	Kollision beider
Kap. 4 (S. 130–139)	die Marquise	

Der Aufbau: fast ein Drama

Eine Novelle sei „**die Schwester des Dramas**". Mit dieser Charakterisierung hat der Novellist Theodor Storm ihre amphibische Natur zwischen epischer und dramatischer Gattung angesprochen. Oberflächlich könnte man die *Marquise* für eine Art Kammerspiel halten, das sich im intimen Kreis einer Familie abspielt: Außer im ersten Kapitel sind die **Schauplätze** des Geschehens geschützte Räume im Haus des Obristen G. oder im Garten der Marquise in V. Und doch ist der Krieg die Folie des Geschehens. Durch ihn wurde die Ordnung der Welt nachhaltig zerrüttet. Es ist Selbsttäuschung, sich in umhegten Räumen dagegen geschützt zu glauben. Aus dieser grundlegenden Fehleinschätzung entstehen eine Fülle anderer Risse und dramatischer Konflikte. Kleist hat seinen Stoff mit dem Temperament und der Weltsicht des Dramatikers gestaltet. Die Kapitel der *Marquise* sind mit derselben Folgerichtigkeit **wie die Akte eines klassischen fünfaktigen Dramas** miteinander verkettet, und in jedem Kapitel dominiert eine Szene, in der der Leser die Dialoge unmittelbar mitzuerleben meint und ab und zu vergisst, dass er einem vermittelnden Erzähler zuhört.

- Im ersten Kapitel („**Akt I**", S. 104–109) ereignet sich nach der **Exposition** – der Orientierung über den Schauplatz, die handelnden Personen und das bisherige Leben der Protagonistin – als **konfliktauslösendes Moment** die nächtliche **Eroberung der Zitadelle** und die Errettung der Marquise vor drohendem Missbrauch. Besonders plastisch und szenisch ist die Situation erzählt, in der der Graf das Lob seines Vorgesetzten empfängt und sich dabei auffällig unwohl fühlt. Ein innerer Konflikt scheint ihn zu quälen.
- Das **zweite Kapitel** („**Akt II**", S. 109–119) beginnt verhalten ironisch. Die Familie des Kommandanten wiegt sich im trügerischen Glauben, dass sich das Kriegsgewitter folgenlos verzogen habe, während sich doch die Frucht aus Krieg, Chaos und sexueller Eroberung im Leib der Marquise bereits ankündigt. Die Antwort auf die nur vermeintliche Rückkehr „in die alte Ordnung der Dinge" (S. 109) gibt das plötzliche Erscheinen des tot geglaubten Grafen und seine heftige **Werbung** um die Marquise; aber niemand begreift sie. Auch in dieser Blindheit liegt Ironie. Also **wächst sich die Katastrophe** der Marquise, die F. abwenden wollte, ins Dramatische aus.
- Im **dritten Kapitel** („**Akt III**", S. 119–130) drängt die Handlung auf ihre **Peripetie** (den dramatischen Höhe- und Wendepunkt) zu. Nach der Konsultation des Arztes und der Hebamme ist die Schwangerschaft Zug um Zug unwiderlegbarer geworden, ein Faktum, für das die Marquise keine Erklärung hat. Ihre Eltern fühlen sich hintergangen. Der Umschlag der Handlung erfolgt im Akt der **Verstoßung der Tochter**. Aus der Krise erwächst der Marquise die Stärke, die sie schließlich die Anzeige aufsetzen lässt. Gegen die zweite Werbung des Grafen im Landhaus in V. verwahrt sie sich energisch.
- Auf der Flugbahn in die Katastrophe hält die Handlung des fünfaktigen klassischen Dramas kurz vor dem Aufschlag noch einmal inne: Im vierten Akt kommt für gewöhnlich eine trü-

gerische Hoffnung auf Rettung auf, die aber den endgültigen Absturz dann umso wirkungsvoller macht. Dieses **retardierende Moment** besitzt die *Marquise von O.* im **vierten Kapitel** („**Akt IV**", S. 130–139) in der **List der Obristin**. Indem sie ihrer Tochter Leopardo, den Jäger, als Täter präsentiert und diese ihr glaubt, erkennt die Mutter deren Unschuld und es kommt zur doppelten Versöhnung erst der Mutter und dann des Vaters mit ihr. Alles scheint nun wieder gut zu sein.

- Aber die familiäre Versöhnung kann **das tragische Finale** nicht verhindern. Es ereignet sich im **fünften Kapitel** („**Akt V**", S. 139–142), als der Graf sich vor versammelter Familie offiziell als der Schuldige und zugleich als Bereuender und Liebender bekennt, die Marquise sich aber heftig von ihm abwendet. „Der Graf stand wie vernichtet", heißt es hier (S. 141), und vernichtet scheint auch die Marquise zu sein. Das Ergebnis ihres kühnen Aufklärungsversuchs mithilfe der Presse erträgt sie nicht.

Ein Drama wäre an dieser Stelle abgeschlossen. Aber Kleist, der Tragiker und Dichter der *Penthesilea*, erfindet für seine an sich fürchterliche Novelle ein **Nachspiel** (S. 143), das die strenge Tragödie nicht kennt. Deren Katharsis lag im Untergang der Helden. In der *Marquise* jedoch liegt sie in deren Umdenken. Der Autor schenkt den beiden unglücklichen Menschen, der O. und dem F., ein weiteres Jahr, in dem die O. allmählich realisiert, dass dieser Mann kein Dämon ist. Sie kommt in der Wirklichkeit an. Und so können sie doch noch glücklich miteinander werden und „[e]ine ganze Reihe von jungen Russen" (S. 143) zeugen. Das scheint ein Märchenschluss nach dem Herzen der Romantik zu sein, durch den allerdings Kleists Ironie flirrt, wie denn überhaupt das Tragische dieser Novelle immer wieder von Komik und ironischen Momenten durchsetzt ist. Das gute Ende ist gestützt von einem Ehevertrag und dem materiellen Vermögen des Grafen. **Tragik und Komik** wachsen bei Kleist auf einem Holz.

1 Struktur und Gestaltungsmittel der Novelle 39

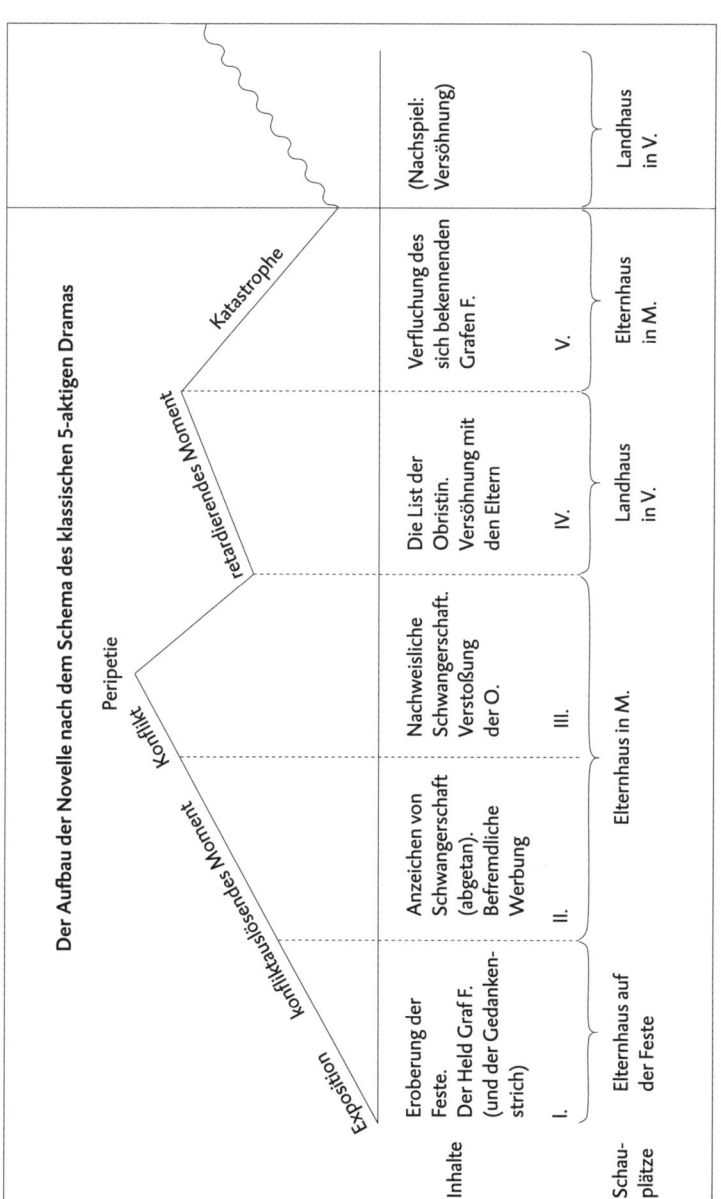

Dynamik der Handlungsführung
Die Handschrift des Dramatikers Kleist prägt auch die innere **Dynamik** der einzelnen Kapitel. Aus dem anscheinend ruhigen Fluss des Geschehens entwickeln sich in jedem Kapitel überraschend temporeiche Szenen und jähe Turbulenzen, denen dann Augenblicke von fast unheimlicher Stille folgen können. Jedes der dramatischen fünf Kapitel weist scharfe **Tempo- und Stimmungswechsel**, jähe Eskalationen und Umbrüche auf. Erst im „Nachspiel" entspannt und beruhigt sich der Erzählfluss.

- Die turbulenten Kriegshandlungen im ersten Kapitel erzeugen eine „gänzliche Verwirrung" (S. 105), während der Soldaten sich der Marquise bemächtigen. Nachdem Graf G. sie verjagt, die Marquise gerettet und in einen ruhigen Raum geführt hat, fällt sie stumm in Ohnmacht.

- Im zweiten Kapitel ergibt sich aus der Werbung des Grafen die größte Unruhe für ihn selbst und ein einziges Hin und Her für die aufgescheuchte Familie, bis sich am Ende, angefeuert durch ein „Nun so macht! macht! macht!" des Obristen (S. 118), das Tempo der Handlung fast überschlägt (S. 118–119).

- Kapitel 3 hat zwei Gipfel. Der erste Gipfel- und Wendepunkt liegt in der Szene, in der sich die Marquise zum Vater drängt und dieser zur Pistole greift (S. 125 f.). Aber dramatisch und handgreiflich heftig geht es auch am Ende der zweiten Werbeszene des Grafen im Garten des Landhauses in V. zu (S. 129). Die Szene trifft den Leser besonders unvorbereitet, weil hier in der Atmosphäre ländlicher Beschaulichkeit plötzlich ein emotionaler Vulkan ausbricht.

- Auch die Versöhnungsszene des Obristen mit der Tochter im vierten Kapitel ist von heftigen Gefühlsumschwüngen begleitet. Nach dem geräuschvollen Herbeischluchzen des Obristen versinken Vater und Tochter in stiller, sonderbarer Innigkeit: „Die Tochter sprach nicht, er sprach nicht" (S. 138).

- Im fünften Kapitel hat sich die Familie sehr vernünftig und sehr gesammelt auf den Auftritt des gesuchten Unbekannten vorbereitet. Als sich aber der Graf als der Gesuchte zu erkennen gibt, wird aus der Marquise eine Rasende (S. 141).

Der Erzähler
Der Erzähler der *Marquise von O.* erweckt den Eindruck, nur der **Chronist** der ablaufenden Ereignisse zu sein. Zügig, sachlich und detailgenau drängt er die Handlung zusammen und wahrt auch extremen Gemütsbewegungen gegenüber die Position des Beobachters. Beschreibungen kommen kaum vor. Was geschieht, wird nicht rhetorisch oder bildreich ausgeschmückt; nirgendwo entfaltet sich die doch sprichwörtliche „epische Breite". Kleist verzichtet in seinen Erzählungen auch – bis auf die Ausnahme im Mittelteil des *Erdbebens in Chili* – auf Naturschilderungen, die andere Erzähler gern als Stimmungsbild und Spiegel für innerseelische Vorgänge einsetzen. Die von ihm erzählte Welt ist im Wesentlichen eine atemlose Aufeinanderfolge von Ereignissen, in denen Zeitadverbien wie „eben", „nun", „gerade als", „in diesem Augenblick", „als plötzlich" eine große Rolle spielen.

Man vermutet, dass Kleists schmuckloses Erzählen von seinen juristischen Studien, einer im Behördenvortrag geschulten Berichtstechnik und dem Umgang mit Immanuel Kants nüchtern-logischer, an Klauseln reicher Sprache beeinflusst wurde (Kraft, S. 74, S. 85 unter Berufung auf Ernst Bloch u. a.). Aber die Haltung des Chronisten und anscheinend trockenen, distanzierten Protokollanten ist eine Fiktion, denn tatsächlich steht dieser Erzähler von Situation zu Situation völlig im Bann des sich gerade Ereignenden. Aus dem **Zugleich von Zurückhaltung, Dramatik und Dynamik** entsteht eine Spannung, die bezeichnend für Kleists Stil ist – und die auch seine Figuren auszuhalten haben: Graf F. und die Marquise sind beherrscht, zurückhaltend, verschwiegen und gleichzeitig bis zum Extrem heftig.

Der Erzähler ist nicht konsequent allwissend (olympisch oder auktorial). Es wird aber auch nicht konsequent personal aus der (eingeschränkten) Perspektive einer handelnden Person heraus erzählt. Nur selten weiß er, was in den Personen vor sich geht, wie etwa in dem Relativ-Nebensatz: „Gut, gut! erwiderte die Obristin, *die ihre Angst unterdrückte*" (S. 123). Es überwiegt, besonders in Bezug auf die Marquise, die **Außensicht**. Wie der Leser ist anscheinend auch der Erzähler auf das Sprechen und Tun der Personen angewiesen, um sich ein Bild von ihnen machen zu können. Da sie aber immer wieder verstummen und schweigen, bleibt vieles rätselhaft. Aufschluss geben besonders Gebärden und die Körpersprache überhaupt, und nirgendwo sonst in der deutschen Literatur spielt das Erbleichen und Erröten der Protagonisten eine so große Rolle wie bei Kleist:

Sie sah, über und über rot, ihre Mutter [...] an (S. 110).
Man sah ihn bei diesen Worten sich entfärben (S. 113; Betonung der Außensicht!).
Der Graf, nach einer kurzen Pause, in welcher er alle Merkmale der größten Unruhe gegeben hatte ... (S. 112; abermals betonte Außensicht).
Der Kommandant blickte mißvergnügt vor sich nieder, und antwortete ihm nicht (S. 113).
[...] seine Augenwimpern zuckten, seine Lippen waren weiß, wie Kreide (S. 141; aus nächster Nähe beobachtet!).

Wer von außen sieht, muss sich mit dem Scheinen, dem vielleicht trügerischen Anschein begnügen, den Dinge, Vorgänge und Menschen erwecken. Kleists Erzähler spricht darum häufig unter Vorbehalt und schränkt die Gültigkeit seiner Aussagen relativierend ein. Unentbehrlich ist ihm das Verb „**scheinen**" selbst. In den zahlreichen Sätzen, die mit der Einschränkung „Es schien" operieren, manifestiert sich seine Erfahrung von der Undurchschaubarkeit und Mehrdeutigkeit der Welt, in der sich auch die Handelnden ihrer selbst nicht sicher sein können. Im

Stil realisiert sich also die skeptische Weltsicht des Autors. Die erzähltechnische Antwort auf die Unzuverlässigkeit der Welt ist der **unzuverlässige Erzähler** (vgl. Fingerhut, Schmidt und andere), der Eindrücke sammelt, die sich widersprechen können, der nur selten einmal wertet, sich im Urteil irren kann und nicht klüger als seine Personen ist. Aber trotz seiner beobachtenden Distanz ist er – polyperspektivisch (die Perspektive wechselnd) – so nah bei der jeweiligen Person, dass deren Erleben und Sprechen und die bloße Wiedergabe des Erlebens und der Rede manchmal kaum auseinanderzuhalten sind. Ohne Überlegenheit und Innensicht nämlich befindet sich dieser Erzähler Zug um Zug „auf der jeweiligen Zeitstufe seiner Figuren" (Müller-Seidel, S. 247) und schmiegt sich deren Sehen gleichsam unmittelbar an. Außensicht und Innensicht durchwirken sich somit: **Er erzählt von außen und von innen** (Földényi, S. 156). So folgt etwa nach den Tipps der erfahrenen Hebamme, wie man ein Kind sehr wohl heimlich zur Welt bringen könne, der Satz:

Doch da diese Trostgründe der unglücklichen Dame völlig wie Messerstiche durch die Brust fuhren, so sammelte sie sich, sagte, sie befände sich besser, und bat ihre Gesellschafterin sich zu entfernen (S. 124).

Bisher hieß die Protagonistin „die Marquise", und der Erzähler stand ihr nahe. (Mutter und Graf F. nennen sie außerdem beim Vornamen „Julietta".) Offensichtlich wechselt der Erzähler mit der Benennung „Dame" an dieser Stelle in die Perspektive der Hebamme, die ihr hochherrschaftliches Gegenüber bei allem Respekt doch wohl für ein wenig scheinheilig hält. Aber die Hebamme hat keine Ahnung, was ihre gut gemeinten Worte in der Marquise anrichten. Nur die Marquise selbst oder ein auktorialer oder personaler Erzähler können sagen, dass sie ihr „wie Messerstiche durch die Brust fuhren". In einem Satz durchkreuzen sich also verschiedene Sichtweisen und vermitteln den **Widerspruch** zwischen **äußerem Schein und innerem Sein:** zwischen förmlicher Haltung nach außen und innerer Fassungslosigkeit. Generalisierend hat Thomas Mann in einem Vortrag von 1954 Kleist als **Dichter sondergleichen** und „eminenten Sprachkünstler" (Mann, S. 497) gefeiert, seine langen Sätze verteidigt und in der sonderbaren Gleichzeitigkeit von Dynamik und Ruhe seine Einmaligkeit erkannt:

Kleists Erzählsprache ist etwas absolut Singuläres. Es genügt nicht, sie „historisch" zu lesen, – auch zu seiner Zeit hat kein Mensch so geschrieben wie er. Sind seine Stoffe herausfordernd, sein Vortrag ist es nicht minder [...]. Ein Impetus, in eiserne, völlig unlyrische Sachlichkeit gezwungen, treibt verwickelte, verknotete, überlastete Sätze hervor, in denen immer wieder mit verschachtelten „dergestalt-daß"-Konstruktionen gewirtschaftet wird und die geduldig geschmiedet und zugleich von atemlosem Tempo gejagt wirken [...] (Mann, S. 505).

2 Die Figuren

Der Kreis der Figuren in Kleists Novelle ist klein. Neben den Hauptfiguren – fast möchte man sagen „den Gegenspielern" – Marquise von O. und Graf F. spielen lediglich die Eltern der Marquise noch eine größere Rolle, während der russische General des ersten Kapitels, der Bruder der Marquise, ein Diener, ein Arzt, die Hebamme und erst recht die beiden Töchter der Marquise Randfiguren sind. Der Unterschied zwischen den Haupt- und Nebenfiguren liegt nicht nur darin, wie umfangreich der Erzähler sich ihnen widmet, sondern besonders in dem, was er ihnen aufbürdet: Die Nebenfiguren nehmen keinerlei Schaden an Leib oder Seele; sie bleiben die, die sie waren. Die Hauptfiguren aber, Obrist und Obristin eingeschlossen, gehen durch die Hölle. Sie werden gebrochen, bevor sie sich wieder aufrichten können.

Die Randfiguren

Der russische General, der im ersten Kapitel in Erscheinung tritt, vermittelt einen Eindruck vom militärischen Ehrenkodex einer fernen Epoche und von den aristokratischen Gepflogenheiten zwischen Sieger und Besiegtem. Der Furor des eben aufbrechenden Nationalbewusstseins scheint die europäische Adelsgesellschaft noch nicht infiziert zu haben. Als der General in Ausübung seiner Dienstfunktion fünf Soldaten aburteilt und den Obristleutnant Graf F. „wegen seines [...] edelmütigen Verhaltens" lobt (S. 107), hat der Leser Gelegenheit, sich Gedanken über die merkwürdige Verlegenheit dieses jungen Kriegshelden zu machen.

Der Bruder der Marquise, **Forstmeister von G.**, gehört zum Familienrat, ist Bote und verlängerter Arm des Vaters. Er trägt dazu bei, eine Lösung in der schwierigen Situation zu finden, die durch die erste Werbung des Grafen entstanden ist. Später ist er es, der dem Grafen die Zeitung mit der Anzeige reicht und die Welt nicht mehr versteht.

Leopardo, der Jäger, ein Diener im Haus des Obristen von G., ist der Statist, der nicht ahnt, was die Obristin ihm angedichtet hat, auf dessen Kosten sich später beide Damen hinter seinem Rücken amüsieren und der ihnen doch – abermals ahnungslos – einen großen Schrecken einjagt, als er am bewussten Termin punkt elf Uhr als Erster ins Zimmer tritt. Ein Eigenleben hat Leopardo ebenso wenig wie der Forstmeister, aber durch die ihm untergeschobene Geschichte kommt eine unvermutet große Portion Heiterkeit in die an sich so ernste Novelle.

Auf den Auftritt des **Arztes**, seine Untersuchung der Marquise, den sich daran anschließenden Disput und äußerst frostigen Abschied, nach dem die Marquise „stand, wie vom Donner gerührt" (S. 120), folgt die Hebammen-Szene. Sie bringt abermals Komik in die Handlung – eine Komik, die schmerzt.

Die Hebamme ist die erfahrene Frau aus dem Volke. Sie ist sich ihrer Sache sicher. Während die Marquise verzweifelt hofft, dass ihren Gefühlen der Grund entzogen werden kann, kommentiert die Hebamme ihren positiven Befund gut gelaunt und anzüglich. Für sie gehört Sexualität selbstverständlich zum Menschen und macht ihn verführbar; sie nimmt es leicht, das heißt: Für sie gibt es keine Tragik. So spricht sie „von jungem Blut und der Arglist der Welt" (S. 123) und der üblichen Selbsttäuschung junger Witwen, die alle auf wüsten Inseln gelebt haben wollen. Prekär wird die Situation, als sie mit ihrem Gerede vom „muntre[n] Korsar, der zur Nachtzeit gelandet" (S. 124) sei, beinahe ins Schwarze trifft.

Mit der Figur der Hebamme hat Kleist einen Gegenpol zur Marquise gesetzt. Normen oder Prinzipien räumt die Hebamme keine Herrschaft ein. Leben ist für sie ein sich Durchwursteln und Überleben, und so findet sie, dass sich auch mit einem Fehltritt leben lasse, sofern man ihn nur vor der Welt zu verbergen wisse. Nach außen, vor der Gesellschaft, aber eine Rolle zu spielen, die der inneren Person nicht entspricht, kommt für die Marquise nicht infrage. Die Komik der Situation resultiert unter anderem aus dem Kontrast zwischen pragmatischer Weltsicht und Ideal, zwischen praktischen Ratschlägen und unbedingter Haltung. Ein wenig ist die Hebamme wie Sancho Pansa und die Marquise wie Don Quichote. (Die mittlere Position zwischen beiden Frauen wird später die Obristin besetzen.)

Da der Marquise das Gesagte „wie Messerstiche durch die Brust" fährt (S. 124), reiben sich Tragik und Komik.

In der zweiten (vorliegenden) Fassung charakterisiert Kleist die Verzweiflung der Marquise, indem er sie die ihr selbst absurde Frage nach der Möglichkeit einer Jungfrauengeburt stellen lässt (S. 124) – und bringt damit fromme und nüchterne Leser gleicherweise gegen sich auf (vgl. *Interpretationshilfe*, S. 93).

Die Eltern der Marquise
Der Obrist, Herr von G., hat das eiserne Pflichtbewusstsein und die Tugenden eines alten preußischen Haudegens und ist der Paterfamilias, das patriarchalische Oberhaupt der Familie, dessen Wort keinen Widerspruch duldet und der sich im privaten Raum gelegentlich so kurz angebunden gibt wie im Dienst. Indem der Leser das erkennt, kann er auch Kleists Kritik am autoritären Charakter bemerken. Aber der Obrist ist kein schlechter Mensch. Er tut Unrecht, doch Kleist urteilt ihn nicht ab. Er zeigt vielmehr, wie auch dieser vornehme, vielleicht etwas zu gradlinige Mann in eine Grenzsituation gerät, der er nicht gewachsen ist. Aus Pflichtbewusstsein heraus verstößt er das Kind (die Marquise), das er liebt, und muss eine schwere Demütigung hinnehmen, in der sein Rollenbild zu Bruch geht. Am Ende lässt er sich von seiner Frau leiten und verzeiht dem Grafen: Er segnet ihn und nimmt ihn in seine Familie auf (S. 141).

Pflichtbewusstsein zwang den Obristen, die Festung ohne Rücksicht auf die Familie gegen die angreifenden Russen zu verteidigen (S. 105). Kleist deutet also schon im Auftakt der Handlung darauf hin, welches Maß an Selbstverleugnung bis hin zur Selbstverletzung (Autoaggression) soldatischem und ethischem Rigorismus innewohnt, denn der Obrist setzt mit dieser Einstellung die Sicherheit der Menschen aufs Spiel, die ihm am nächsten stehen. Tatsächlich verdankt sich seiner strammen Haltung der gegnerische Sturmangriff, der seiner Tochter zum Verhängnis wird.

Voll Anerkennung sieht der besiegte Obrist der Tüchtigkeit des russischen Offiziers zu (S. 106) und nimmt seine Dankesschuld ernst, als seine Tochter ihm vom Vorgefallenen berichtet hat. „Noch hätte er keines jungen Mannes Bekanntschaft gemacht, der, in so kurzer Zeit, so viele vortreffliche Eigenschaften des Charakters entwickelt hätte" (S. 112), sagt er später dem Grafen, als er glaubt, dessen werbenden Elan bremsen zu müssen. In der Frage der Depeschen unternimmt er alles, um den jungen Mann vor Dummheiten zu bewahren. Als er dessen Wünschen schließlich entgegenkommt, kommentiert er mit selbstironischer Grandezza: „[I]ch muß mich diesem Russen schon zum zweitenmal ergeben!" (S. 118).

Aber als der Obrist annehmen muss, dass die Tochter die **Prinzipien** des Anstandes, für die er einsteht, sträflich verletzt hat, handelt er ebenso hart wie zuvor bei der Verteidigung der Feste gegen sie und indirekt abermals auch gegen sich selbst: Das von ihm diktierte Schreiben, das ihr befiehlt, sein Haus zu verlassen, ist „von Tränen benetzt" (S. 125). Es können die Tränen der Mutter, es können seine Tränen sein, wir erfahren es nicht genauer. Eindeutig ist jedoch, dass er jegliche Aussprache und weitere Begegnung mit der Tochter verweigert. Vermutlich ist er psychisch dazu außerstande und vollkommen davon gefordert, Haltung zu bewahren, wie er es gelernt hat. Offenbar gilt es jetzt für ihn, die schlimme Angelegenheit übers Knie zu brechen und so schnell wie möglich zu Ende zu bringen. Der Leser bleibt auf Vermutungen angewiesen, denn der Erzähler hilft ihm nicht, den Obristen zu ergründen, jedenfalls schweigt er über die wahren Beweggründe seines Handelns. Vielleicht fürchtet der Obrist am meisten, vom Anblick der Tochter wieder erweicht zu werden, und so flieht er bis ins hinterste Gemach, wendet sich ab (er kehrt ihr den Rücken zu: S. 125) und weiß dann in seiner Bedrängnis nichts anderes, als zur Waffe zu greifen wie gegen den Feind in der Schlacht. Diese fatal unverhältnismäßige Reaktion offenbart die **innere Schwäche** hinter der martialischen Fassade: Gewalttätigkeit entpuppt sich hier – wie später bei der Marquise selbst (S. 129) – als überkompensierte Hilf- und Sprachlosigkeit.

Die (eigentlich erlittene, nie gewünschte) Verstoßung der Tochter muss dieser Obrist-Vater nun ohne Pardon bis zum Äußersten treiben. Er will ihr die Kinder nehmen. Er duldet nicht mehr, dass ihr Name erwähnt wird, und nimmt Zuflucht

Ein Schuss löst sich. Szene aus der Verfilmung von Eric Rohmer mit Peter Lühr als Vater und Edda Seippel als Mutter

zur eindeutigen **Welt des Entweder-Oder:** Sie war sein Augenstern und ist jetzt die Schändliche und von Grund auf Falsche (S. 132). Wenn Kleist eine Botschaft hat, dann ist es die, dass die Kategorien von entweder gut oder böse zu kurz greifen. Aber gerade in diesem simplen dualistischen Schema verschanzt sich der Obrist vor Anfechtungen (Zweifeln) und macht sich selbst zur Festung.

Die Festung wird abermals geknackt. Der Obrist erliegt am Ende der Beweiskraft des Faktischen. Er wird an sich irre. Als er die Verstoßung der Tochter als Unrecht einsehen muss, bricht er zusammen. Markant ist die Körperhaltung: Er steht, „das Gesicht tief zur Erde gebeugt, und weint[e]" (S. 137). Übrig bleibt also ein Häuflein Elend, das der Tochter Abbitte tun muss, bevor es sich mit ihr versöhnen und wieder aufrichten darf. Das Heulen und „Heranschluchzen" des Obristen überzeichnet Kleist mit der Gründlichkeit eines Autors, dem es darauf ankommt zu zeigen, wie ein preußischer Kommandant zum Menschen heruntergebrochen wird. Es mag zutreffen, dass er auch die eigentliche **Versöhnung** bewusst bis zur Rührszene übertreibt, um die Wechselbeziehung von Sentimentalität und Gewalt kenntlich zu machen (Schmidt, S. 202). Die Innigkeit dieser Versöhnung, vor allem ihre befremdlich erotische Tönung, hat Interpreten annehmen lassen, dass auch der Obrist mit seiner Sexualität nicht im Reinen ist, dass die Heftigkeit, mit der er die Tochter verstößt, seiner sexuell besetzten Beziehung zu ihr, seinem latenten männlichen Besitzanspruch und folglich seiner Eifersucht auf den unbekannten Kindsvater entspringt. Eine solche psychologische Deutung glaubt, inzestuöse Züge in den Liebkosungen der Versöhnungsszene erkennen zu können (Schmidt a. a. O.). Abermals ist darauf hinzuweisen, dass Kleists Menschen nie definierbar oder präzise analysierbar werden. Gegen die Annahme inzestuöser Handlungen in der Versöhnungsszene spricht, dass die Tochter den Vater gewähren lässt und dass vor allem die Mutter mit innerer Genugtuung und offenkundigem Vergnügen diesem Geschehen zusehen kann (S. 138).

Ohne Zweifel kritisiert Kleist autoritäre Strukturen, aber er erfüllt nicht unser Bedürfnis nach eindeutiger Polarisierung von richtiger (aufgeklärter) und falscher (reaktionärer) Haltung. Er war in sich so komplex und vielschichtig wie seine Figuren und folglich – außer im Kampf gegen Napoleon – **kein „engagierter Dichter"** etwa im Sinne Brechts. Er konnte traditionsbestimmt-konservativen Lebenskonzepten seine Solidarität nicht ganz versagen und fand in bürgerlich-aufgeklärten, in rationalen und romantischen Weltdeutungen Kluges und Gutes. Sein preußisch-konservativer Obrist ist kein Bösewicht oder Sündenbock. Eher scheint es, als sehe der Erzähler ihn – wie auch alle anderen Figuren – zwar mit einer gewissen Ironie, begleite ihn aber insgesamt auch da noch mit Verständnis, wo er sich schuldig macht. Unterstützung erfährt diese Deutung durch Theodor

Fontane. Er urteilte über die *Marquise von O.:* „Denn alle Personen, die uns vorgeführt werden, sind edle Naturen und haben recht in ihrem Tun." (in: Erläuterungen, S. 69). Gerade der Zusammenprall an sich berechtigter, gegenläufiger Handlungen und Haltungen gibt Kleists Erzählung ihre dramatische Spannung.

Die Obristin ist eine an sich gütige, warmherzige und darüber hinaus energische Dame, die entsprechend der konventionellen Rollenzuweisung der Epoche gewohnt ist, ihrem Mann die Entscheidungen zu überlassen. Sie besitzt das ganze Vertrauen ihrer Tochter und vertraut Julietta – dem „vortrefflichen" (S. 132) und „liebenswürdige[n]" (S. 122) Kind – ihrerseits. Als sie vom Befund des Arztes hört, empört sie sich über diesen „Unverschämten" (S. 121). Sie steht ihrer Tochter getreulich und ausdauernd zur Seite, hört voll Mitleid von deren Zerrissenheit zwischen Bewusstsein und Körperempfinden, ängstigt sich, hält sie für krank. Aber die Gesetze der Logik und der Satz vom ausgeschlossenen Dritten bestimmen die Grenze, die auch sie nicht überschreiten kann: Entweder stimmt die Diagnose des Arztes oder er nimmt sich Unverschämtheiten heraus; und wenn das Bewusstsein der Tochter rein ist, so bedarf es keiner Hebamme. Jeweils eins von beidem kann es nur sein, nicht aber beides zugleich. Die Zumutung, das eine wie das andere annehmen zu sollen, macht sie sprachlos (S. 122). Dennoch wendet sie sich nach dem Urteil der Hebamme noch nicht von der Tochter ab, sondern erst dann, als diese trotz der definitiven Diagnose von keinem Fehltritt zu wissen behauptet.

Nun neigen Kleists Männergestalten dazu, sich bis zum tödlichen Ruin auf ihre Prinzipien zu versteifen, während seine Frauengestalten weniger gefährdet sind, da sie letztlich ihrem Instinkt und Gefühl mehr vertrauen als der Logik. Kleist hält Frauen für lebensfähiger.

Innerlich bäumt sich die Obristin gegen die – von ihr ausgelöste – „tyrannische Verstoßung" (S. 130) der Tochter auf. Sobald sie erste Irritationen bei ihrem Mann bemerkt (S. 132), wagt sie die Revolte. Ohne sein Wissen fährt sie nach V. und stellt ihre Tochter mit Leopardo, dem Jäger, auf die Probe. Das ist ein Akt des zivilen Ungehorsams gegen den Gatten. Ihr Impuls ist aufklärerisch: Sie will die Sachlage noch einmal überprüfen. Sicher verfolgt sie zugleich das Ziel, die Familien wieder zu einen.

Als die Unschuld der Tochter für sie erwiesen ist, geht auch sie zu Boden. Hierarchisches Rollenverhalten in der Eltern-Kind-Beziehung und alle Konvention hinter sich lassend, sinkt sie vor ihr auf die Knie und tut tief beschämt über ihr Misstrauen Abbitte. Aus der Krise geht sie als mutige Frau hervor. Der ganzen Welt zum Trotz will sie nun zu dem unehelichen Kind ihrer Tochter stehen (S. 136). Und sie wird ihrem Mann die Stirn bieten, sofern er jetzt nicht einlenkt.

Insgesamt ist die Versöhnungsszene zwischen Mutter und Tochter nicht weniger rührend und gefühlsintensiv und – stilistisch – mit Hyperbolik (mit Übertreibungen; und erneut bis in die Sphäre des Religiösen hinein) gespickt als die zwischen Vater und Tochter. Die sprachlichen Überhöhungen, die wir heute leicht für Parodie oder Satire halten, waren um 1810 wohl eher **Ausdruck von Emphase**. Richtig komisch wird es erst dann, als die Obristin, sobald sie den Starrsinn des Gatten gebrochen hat, gleich ängstlich-besorgt anordnet, sein Bett vorzuwärmen und ihn wieder aufzupäppeln (S. 138).

Am Ende ist es abermals die beherzte Mutter, die die Vermählung zwischen dem Grafen und ihrer Tochter kurzerhand anberaumt und damit die Weichen für das spätere Glück stellt. Vermutlich weiß sie als Einzige, dass ihre Tochter den Grafen liebt. Trotz der Herrschaft des Mannes hatte sie schon früher intern die Führung, denn ungeprüft hat der Obrist seine Tochter auf ihren Bericht hin verstoßen. In Berufsdingen hat der Obrist gedrängt („Nun so macht! macht! macht!"), in Gefühlsdingen ergreift die Obristin die Initiative („gib deinen Segen, gib, gib"; S. 141).

2 Die Figuren · 53

Aufklärung ist der Ausgang des Menschen aus seiner selbstverschuldeten Unmündigkeit, lautete 1784 Immanuel Kants These, und sein Auftrag hieß: *Habe Mut, dich deines eigenen Verstandes zu bedienen!*

Ist in der Figur der Obristin so etwas wie der Ausgang der Frau aus der selbst verschuldeten Unmündigkeit gestaltet? Zweifellos hat sich die Obristin ihres eigenen Verstandes bedient. Vor allem aber hat sie **ihrer inneren Stimme gehorcht:** der Liebe zur Tochter, ihrem Familiensinn und ihrem Gefühl für Recht und Unrecht und abgegoltene Schuld. Kleist kennt bereits die Qualität der emotionalen Intelligenz.

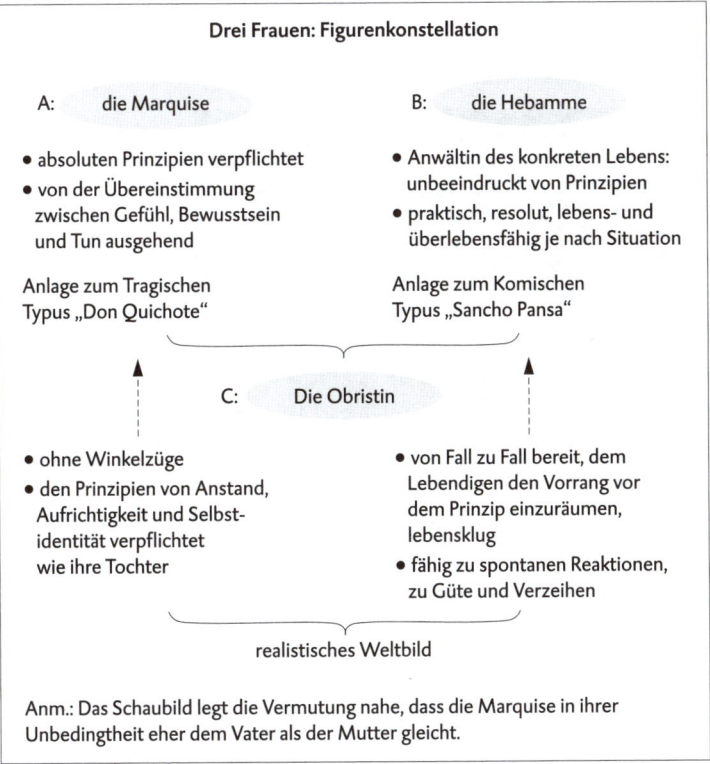

Drei Frauen: Figurenkonstellation

A: die Marquise
- absoluten Prinzipien verpflichtet
- von der Übereinstimmung zwischen Gefühl, Bewusstsein und Tun ausgehend

Anlage zum Tragischen
Typus „Don Quichote"

B: die Hebamme
- Anwältin des konkreten Lebens: unbeeindruckt von Prinzipien
- praktisch, resolut, lebens- und überlebensfähig je nach Situation

Anlage zum Komischen
Typus „Sancho Pansa"

C: Die Obristin
- ohne Winkelzüge
- den Prinzipien von Anstand, Aufrichtigkeit und Selbstidentität verpflichtet wie ihre Tochter

- von Fall zu Fall bereit, dem Lebendigen den Vorrang vor dem Prinzip einzuräumen, lebensklug
- fähig zu spontanen Reaktionen, zu Güte und Verzeihen

realistisches Weltbild

Anm.: Das Schaubild legt die Vermutung nahe, dass die Marquise in ihrer Unbedingtheit eher dem Vater als der Mutter gleicht.

Obristleutnant Graf F.

Beim ersten Lesen kann man sich lange keinen Reim auf das irritierende Verhalten des russischen Grafen F. machen. Er hatte sich beim Sturm auf die Feste vor M. bewährt und war im strahlenden Licht des Siegers und als Retter der bedrängten Frau von O. zu sehen gewesen, aber das Lob seines Vorgesetzten wurde ihm sichtlich unangenehm. Erst wenn man zurückblättert und noch einmal von vorn liest, stößt man auf eine **Lücke** im Erzählfluss, auf einen sonderbaren **Gedankenstrich** (S. 106, Z. 2: „Hier – traf er ...") zwischen Geschehen und Geschehen, der Schweigen über das breitet, was geschehen sein muss: Nach hitzigen Kampfhandlungen hat sich Graf F. „vergessen" und in einem Moment der Stille dazu hinreißen lassen, sich an der besinnungslosen Frau von O. zu vergehen.

Bruno Ganz als Graf F. in der Verfilmung von Eric Rohmer (1976)

Ähnlich wie Kleist später Prinz Friedrich von Homburg, den Sieger von Fehrbellin, in schlotternder Todesfurcht zeigt, beleuchtet er auch in der *Marquise von O.* die **Kehrseite des Helden**. Kleist sucht das wahre Bild des Menschen und durchlöchert darum die Ideologie vom Ritter ohne Fehl und Tadel. Er bricht mit dem Glauben an Erhabenheit. Dabei nimmt er dem preußischen Offizier – denn immer steht dieser ihm vor Augen – nicht Würde oder Noblesse, er demontiert ihn nicht, aber er zeigt hinter der Staffage der Uniform den Menschen in seiner Ambivalenz und in seinem inneren Chaos. Dennoch ist Graf F. ein vorzüglicher Charakter, das steht außer Frage. Gerade weil er, seit er erwachsen ist, Züge von Niedertracht, Gemeinheit und Ehrlosigkeit nicht an sich kannte, ist er sich plötzlich, von einem Augenblick auf den anderen, selbst absolut fremd geworden: **sich entfremdet**. Sein Bild von sich ist ihm abhanden gekommen. Für ihn sieht es nicht wie ein Zufall aus, dass ihn gleich am nächsten Tag ein Schuss schwer verwundet. Der letzte Satz, der von dem vermeintlich Sterbenden überbracht wird – „Julietta! Diese Kugel rächt dich!" (S. 108) –, ist nur so zu verstehen, dass er seinen **Tod als angemessene Sühne** für sein Vergehen bejaht. Und so wie später die Marquise im Nervenfieber liegt, als ihr Bewusstsein nicht mehr weiter weiß (S. 142), – und so wie auch der Dichter selbst in Lebenskrisen erkrankte – so sinkt vermutlich auch der Graf nicht nur der körperlichen Verwundung wegen in Fieberträume (S. 116): „Wenn das Leben zu einer Falle wird, bekommen die Figuren [Kleists] Fieber" (Földényi, S. 137).

Indem der Graf sich aber von der Verwundung erholt und für seine Kameraden überraschend gleichsam vom Tode wieder aufersteht, ist er ein anderer. Er erscheint wie geläutert oder verklärt, „schön, wie ein junger Gott, ein wenig bleich im Gesicht" (S. 110), in M. Sicher ist: Alles, was dieser Mann nach seiner Genesung – in seinem quasi zweiten Leben – tut und lässt, dient dem einzigen Ziel, das Jawort der Marquise zu gewinnen, seine Schuld zu tilgen und seine Identität mit sich selbst zurückzuerlangen. In all seinen Anstrengungen auf dieses Ziel hin sind die Empfindlichkeit seines Gewissens sowie das Ausmaß seines Schuldbewusstseins und seiner Verzweiflung zu erkennen; hinzu kommt aber, dass offensichtlich Liebe ihn zu seiner Gewalttat hingerissen oder ihn währenddessen ergriffen hat. Das ist ein bizarrer Fall. Diese Paradoxie und diesen Widerspruch muss der Graf mit sich herumtragen, ohne darüber sprechen zu können. Es steht außer Zweifel, dass F. nicht nur um die Gesundheit der Marquise besorgt ist, sondern sie tatsächlich **in unmöglicher Liebe** liebt. Gleich während des ersten Aufenthalts im Haus des Obristen in M. fährt das Geständnis bei der Erzählung seiner Fieberhalluzination jäh aus ihm heraus:

> Er [...] *versicherte plötzlich, blutrot im Gesicht, daß er sie außerordentlich liebe: sah wieder auf seinen Teller nieder, und schwieg* (S. 116).

Allein dieser eine Satz belegt, wie peinvoll Liebe, Scham und Schuldbewusstsein sich in diesem Mann durchkreuzen. Als er die Marquise Monate später, zurück von Neapel, „in ihrer lieblichen und geheimnisvollen Gestalt" findet, wagt er es, sie zärtlich zu umfassen und seine „geliebte Frau" zu nennen (S. 128f.).

Graf F. ist nicht nur im Krieg mutig, sondern zeigt auch in privaten Dingen **Courage**. Aus Sorge um eine für die Marquise unerklärliche und brüskierende eventuelle Schwangerschaft setzt er sich über gültige Konventionen der Brautwerbung hinweg und ist bereit, falls nötig gegen Dienstvorschriften zu verstoßen und Karriere wie Ehre aufs Spiel zu setzen. Warum aber geht ihm das volle **Geständnis** seiner Tat nicht über die Lippen? Fortwährend nimmt F. Anlauf dazu: Er sei im Begriff, die „einzige nichtswürdige Handlung, die er in seinem Leben begangen hätte", wiedergutzumachen (S. 112), sagt er – und hofft, verstanden zu werden. **Er hofft, von der Marquise verstanden zu werden**, als er in Gegenwart der versammelten Familie von seinen so leicht zu deutenden Fieberfantasien erzählt, in denen er sich selbst bezichtigt, sie beschmutzt zu haben: Ständig sei ihr Bild als das des Schwans Thinka vor ihm erschienen, den er einmal als Junge mit Kot beworfen habe, der aber nur still untergetaucht und rein wieder emporgekommen sei (S. 116). **Thinka**, die russische Kurzform von Katharina, bedeutet „die Reine". Vorlage für die Identität der Marquise mit dem Schwan im Traum des F. könnte das russische Volksmärchen *Die Schwanen-*

prinzessin gewesen sein. Die in einen weißen Schwan verwandelte Prinzessin erhält darin durch die Liebe des Prinzen ihre menschliche Gestalt zurück.

Der Graf gibt zu verstehen, dass der gute Ruf, den er und überhaupt ein Mensch besitze, etwas höchst Zweifelhaftes sei (S. 112). Der Kriegsheld hat also über sich nachgedacht und ist darüber zum Philosophen geworden. Er leidet an seiner Diskrepanz zwischen Schein und Sein. Hätte er aber seine Untat sofort gestanden, so hätte die Familie ihn vermutlich des Hauses verwiesen. Also laviert er und druckst und versucht, doch möglichst einigermaßen im Rahmen der gültigen Umgangsformen seines Standes zu einer Lösung zu kommen und der Marquise liebenswert zu werden. In der Intimität der Gartenlaube in V., das erste Mal allein mit ihr, fasst er sich schließlich ein Herz und will heraus mit der Wahrheit. Aber die Marquise möchte entschieden gerade diese Wahrheit nicht hören (S. 129).

Zunächst rätselhaft erscheint die Reaktion des F. auf die Zeitungsanzeige. Es ist nachvollziehbar, dass ihm, als sie ihm vor die Augen kommt, „das Blut ins Gesicht" schießt (S. 130). Warum aber kann er, nachdem er den Text überdacht hat, sagen: „nun ist es gut!"? Warum kann er nun „**völlig ausgesöhnt mit seinem Schicksal**" (ebd.) davongehen?

Graf F. hatte um der Marquise und um seiner selbst willen die rasche Eheschließung angestrebt. Er hat das Geständnis unter vier Augen gesucht, aber es wurde nicht angenommen. Seine Hoffnung, mündlich und gleichsam unter der Hand zu einer Lösung zu kommen, erfüllt sich nicht. Nun scheint es ihn zu erlösen, dass er zu **Verbindlichkeit** gezwungen wird. Er muss schriftlich, in einer Antwortanzeige, sein Kommen ankündigen. Und ihn befreit der doch unglaublich schwere Schritt, endlich offiziell in Gegenwart der Familie mit seiner ganzen Existenz für seine Schuld einstehen zu müssen (zu dürfen?). Die Last des Unsäglichen ist damit von ihm genommen, denn er braucht nichts zu sagen, sondern nur zu erscheinen. Es ist alles gesagt, indem er

> *in genau demselben Kriegsrock, mit Orden und Waffen, wie er sie bei der Eroberung des Forts getragen hatte, zu ihr* [der Marquise] *eintrat* (S. 140).

Es gehört sich nicht, einen privaten Salon in Waffen zu betreten, aber es geht F. darum, an die fragliche Nacht auf der Festung zu erinnern. Stumm gibt er zu verstehen, dass der, der mit der Waffe in der Hand die Marquise freigekämpft hatte, identisch mit dem gesuchten Täter ist.

Nebenbei ist hier zu beobachten, dass Kleist seinem Helden nichts erspart und auch nicht seinen Zeitgenossen. Am Ende nämlich steht der Graf „wie vernichtet" im Raum und weint (S. 141): Der Repräsentant des Ersten Standes, der hohe Offizier und Sieger weint im Schmuck seiner Rang- und Ehrenzeichen. Diesen Anblick konnte man in Berlin Kleist vielleicht noch weniger verzeihen als die von Nacht bedeckte Tat. Gerade die stolzen Männer müssen bei Kleist weinen, nicht nur Graf F., sondern auch der Obrist.

Es gibt die Deutung, dass Graf F. die fünf Soldaten nicht aus Ritterlichkeit, sondern darum in so rasendem Zorn niedergekämpft habe, weil er, der Sieger, die schöne Beute für sich beanspruchte (Kraft, S. 109). **Krieg ist Gewalt**, und nicht selten schänden die Sieger die Frauen der Besiegten. Aber mit einer solchen Deutung kann man die Scham, die Reue und Verzweiflung des F. nicht begreifen. In einem Brief an Marie von Kleist schrieb Kleist 1807 zur *Penthesilea*, dass sein „innerstes Wesen", „der ganze Schmutz zugleich und Glanz meiner Seele", in dieser Dichtung liege (Brief vom Spätherbst 1807). Um die Darstellung dieser tief empfundenen Zwiespältigkeit und Vielfältigkeit der menschlichen Natur ging es Kleist in allen seinen Werken, sodass sich sehr wohl auch Graf F. zugleich zum ganzen **Schmutz und Glanz seiner Seele** bekennen konnte.

Julietta von O.
Die Hauptperson der Erzählung wurde **die verschwiegenste aller Gestalten Kleists** genannt, eine Gestalt von rätselhafter Undurchdringlichkeit (Kunz, S. 131). Sie wurde gerade noch rechtzeitig von einer ihr wie überirdisch erscheinenden Gestalt aus den Händen der „viehischen Rotte" befreit, und eben als sie glaubt, die Welt sei wieder in ihr altes Geleise zurückgekehrt, regt sich in ihr das Gefühl, schwanger zu sein.

Während der dramatischen Werbung des Grafen F. um sie bleibt sie sonderbar passiv. Sämtliche Familienmitglieder zerbrechen sich den Kopf über die „Ursachen einer so auf Kurierpferden gehenden Bewerbung", die Betroffene aber widmet sich „mit vieler Emsigkeit" irgendwelchen Handarbeiten und vermeidet das Gespräch (S. 115). Fortwährend sieht sie auf ihre Arbeit nieder. Als ihr Bruder sie direkt anspricht und fragt, wie ihr der Graf eigentlich gefalle, sagt sie sibyllinisch: „Er gefällt und mißfällt mir" (S. 117), beruft sich dabei aber gar nicht auf sich selbst, sondern auf die Gefühle der anderen (ebd.). Wie sie selbst zu dem Grafen steht, verrät sich nur in einem winzigen Augenblick (Augen-Blick!): Als sie in eine spätere Vermählung aus Dankespflicht – „um der Verbindlichkeit willen, die ich ihm schuldig bin" (ebd.) – einwilligt und dabei die „Wünsche" des Grafen erwähnt, kommt sie plötzlich aus dem Gleichgewicht. Sie stockt, und etwas Merkwürdiges geht in ihr vor:

In diesem Fall, versetzte die Marquise, würd ich – da in der Tat seine Wünsche so lebhaft scheinen, diese Wünsche – sie stockte, und ihre Augen glänzten, indem sie das sagte – um der Verbindlichkeit willen, die ich ihm schuldig bin, erfüllen. (S. 117)

Was geht während dieses Stockens in ihr vor? Sicher sind die „Verbindlichkeiten" nicht der einzige Grund für ihre Zusage, das verrät der plötzliche **Glanz in den Augen**. Eine innere Freude scheint unabhängig von aller Willenssteuerung in ihr aufzuglänzen. Liebt sie den F. gleichsam hinter dem Rücken ihres Bewusstseins? Steht ihr der „Engel des Himmels" (S. 105) wieder vor Augen? Der Leser kann an dieser Stelle nur mutmaßen.

In den folgenden Monaten (ab Kapitel 3/„Akt III") vollzieht sich das Drama der unwissentlichen Schwangerschaft und stürzt die Marquise in äußerste Verwirrung. Sie weiß von keinem Mann, und doch trügt sie ihr Gefühl, schwanger zu sein, nicht. In ihrem eigenen Körper vollzieht sich etwas so Elementares wie die Entstehung eines Kindes und entbehrt doch der Ursache. Es entwickelt sich die Tragödie des Erkennens. **Bewusstsein und Gefühl** treten auseinander und widersprechen einander. Von der Warte des Bewusstseins aus wird ihr „der eigene Leib auf grauenvolle Weise fremd" (Müller-S., S. 249). Von der Warte des Gefühls aus muss sie an ihrem Verstand zweifeln. Auch sie durchlebt – auf andere Weise als der Graf – den Zustand absoluter **Selbstentfremdung**. Das Gefühl der Mar-

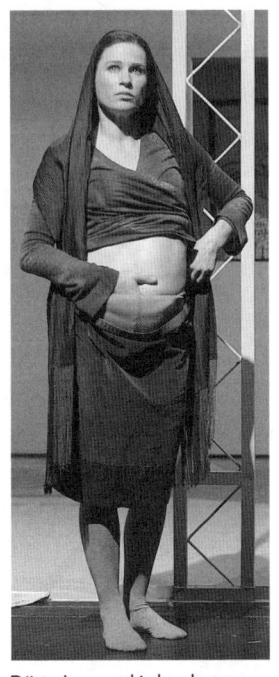

Dörte Lyssewski als schwangere Marquise (Dramenfassung am Schauspiel Bochum 2001)

quise irrt nicht, weil aber der Verstand Einspruch erhebt, weil also das nicht sein kann, dessen sie sich doch sicher ist, wird sie an ihrem Gefühl irre. Als Arzt und Hebamme allerdings ihrem Gefühl Recht geben, droht sie zu zerbrechen. In dieser Extremsituation wäre sie auf Beistand angewiesen, doch gerade jetzt verstoßen die Eltern sie.

Der Wendepunkt im Leben dieser erst so scheuen, anfangs wie abwesend wirkenden und dann so verzweifelten Frau ist der Augenblick, in dem sie sich über den Befehl des Vaters hinwegsetzt und, „mit dem ganzen Stolz der Unschuld gerüstet" (S. 126), ihre Kinder in den Wagen setzt und abfährt. Als erwachsene Frau und Mutter von zwei Kindern hatte sie sich nach dem Tod ihres Mannes wieder der Autorität ihres Vaters unterstellt. Durch die Verstoßung aus dem Familienverband aber entdeckt sie ihre eigene Kraft. Man hat von der „**Geschichte einer weiblichen Emanzipation**" gesprochen (Fingerhut, Schmidt u. a.). Sie richtet sich in ihrem Landhaus in V. ein, und allmählich entsteht in ihr ein „Gefühl ihrer Selbständigkeit" (S. 127), das ihr den Mut zur Zeitungsanzeige einflößt.

Aber ab hier häufen sich auch die **Fragen:**

- Erwägt sie nie, den Grafen mit ihrem Zustand in Verbindung zu bringen? Muss sie nicht längst wissen, wer der Vater des Kindes ist?
- Sind alle seine Andeutungen und halben und dreiviertel Schuldbekenntnisse und seine Besorgnis um ihre Gesundheit an ihr vorbeigegangen?
- Hält sie immer noch daran fest, dass er glaubte, einer anderen Julietta und nicht ihretwegen den Tod verdient zu haben (S. 108)?
- Hat sie vergessen, was er von seinem Fiebertraum und ihrer Rolle darin (S. 116) erzählt hat?
- Und wie versteht sie den Inhalt der Briefe, die er aus Neapel geschickt hat (S. 127)?
- Warum ist sie am Ende nicht erleichtert, dass sich – statt eines beliebigen unguten Subjekts – der Graf als Vater meldet?

Man muss davon ausgehen, dass die Marquise in der Tat unfähig dazu ist, den Grafen mit der Tatsache ihrer Schwangerschaft in Verbindung zu bringen. Ihr Bewusstsein lässt es um der Aufrechterhaltung ihrer Existenz willen nicht zu. Kürzer: Selbstbild und Selbsterhaltungstrieb lassen es nicht zu. Aber „**sie weiß es und sie weiß es nicht**" (Kunz, S. 134). Es liegt, psychoanalytisch gesprochen, eine **Verdrängung** vor, deren Grund wohl darin zu suchen ist, dass Frau von O. als eine im frühen 19. Jahrhundert lebende Witwe entsprechend dem Rollenbild und den Regeln ihres Standes jahrelang die eigene Sexualität verleugnet hat. Man braucht nicht Sigmund Freuds Entdeckung des Unterbewussten und der Bedeutung der Libido auf Kleist zurückzuprojizieren, um zu erkennen, wie ungeheuer viel Kleist von den Abgründen der menschlichen Seele und der menschlichen Triebstruktur wusste und darstellen konnte. Sein Erzähler nennt den sinnlichen Grund der menschlichen Natur nie beim Wort. Begriffe wie „Libido", „Geschlechtlichkeit", „Trieb", „Sexualität" oder auch nur „Begehren" sucht man in dieser Novelle vergebens, und doch handelt sie davon. Kleist erklärt und kommentiert diese Sachverhalte nicht, sondern lässt sie in der Begegnung der Figuren miteinander unmittelbar erfahrbar werden.

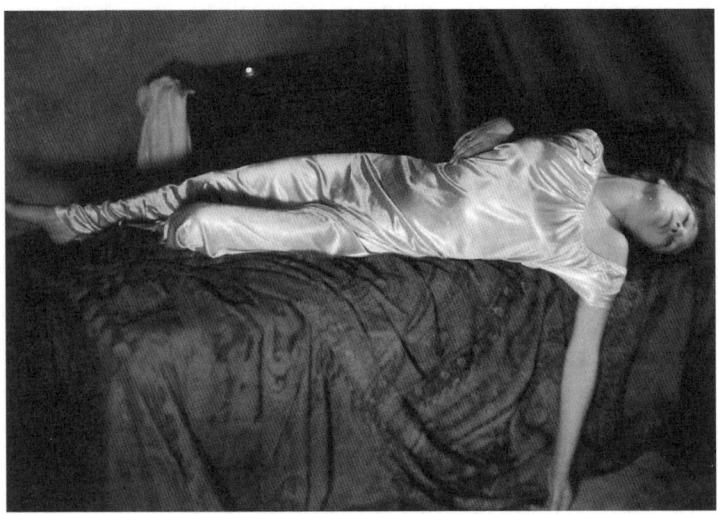

Edith Clever als ohnmächtige Marquise (Szene aus Eric Rohmers Verfilmung von 1976)

In einer tief verborgenen Schicht ihres Wesens, so muss man annehmen, weiß die Marquise, dass sie sich dem russischen Grafen hingegeben hat. Genauer gesagt: Nicht sie weiß es, sondern etwas in ihr. Sie ist damals in der Sturmnacht nicht etwa in **Ohnmacht** gefallen, als die Scharfschützen sie festhielten, sondern erst, als sie gerettet war. Im Chaos der Verhältnisse, in denen sich leicht das Unterste zuoberst kehrt, ist, so darf man vermuten, ihre Sexualität aufgelodert, die Status und Bewusstsein annulliert hatten. Beide, der Graf F. und die Marquise, dürften sich, erregt vom eben Ausgestandenen, einen Augenblick lang gegenübergestanden haben. Indem die Marquise aber in Ohnmacht fällt und gleichsam wegtaucht aus dem ihr auferlegten Rollenverhalten und aller Verantwortung, „bietet sie sich [...] dar [...] – jedoch in einer Weise, die an alles, nur nicht an eine Darbietung erinnert. Doch die Ohnmacht verschleiert gerade das, was sie aufdeckt" (Földényi, S. 309). Streng versiegelte Wünsche also und tiefstes Fühlen äußern sich im Windschatten des Bewusstseins. (Kleist hat den ähnlichen Vorgang in der *Penthesilea* gezeigt.) Der Scherz der beiden Frauen, dass ihr wohl „Morpheus wenigstens [...] oder einer der Träume aus seinem Gefolge" erschienen sei (S. 109), spricht die unbegriffene (ihr und den anderen unbegreifliche) Wahrheit ebenso aus wie das zornigzynische Wort des Obristen: „Sie hat es im Schlaf getan" (S. 131).

Es ist zu schlussfolgern, dass also die Marquise in aller Unschuld Anteil an der Schuld des Grafen hat, denn „[d]ie Ohnmacht der Frau lockt aus dem Engel (dem Mann) den Teufel hervor" (Földényi, S. 310). Auch im **Traum des F.** – und Träume enthalten Wahrheitskerne – ist das Bild der Marquise deutlich erotisch besetzt. In der Gestalt des Schwans taucht sie im Wasser unter und lässt sich nicht anlocken, und dennoch lockt dieser Schwan, der „bloß am Rudern und In-die-Brust-sich-werfen" seine Freude gehabt habe (S. 116).

Aus der Tiefenschicht ihres Wesens, so lässt sich nun ahnen, kam der Marquise später, während des Familienrates, plötzlich wie in einer kleinen Absence (Geistesabwesenheit) als Reflex der Lust der Glanz in die Augen, als sie von den Wünschen des Grafen sprach. Sie ist ihm Dank schuldig. Das ist die gesellschaftlich anerkannte Version ihrer Beziehung zu ihm. Darunter aber liegt ihr gesellschaftlich verpöntes Begehren. Sie weiß nichts von diesem Begehren, sondern besteht auf dem Bild des Grafen als Engel. Er bleibt damit entsexualisiert und in die Sphäre des Absoluten entrückt. Solange er ein „Engel" ist, braucht sie ihr Bild von sich selbst nicht infrage zu stellen.

Im Folgenden vergisst sie den Grafen nie. Die Abriegelung ihres Hauses in V. scheint sie gezielt seinetwegen angeordnet zu haben. Vielsagend ist die kleine Szene, in der F., zurück aus Neapel, vom Türhüter in V. hört, dass die Marquise keinen Menschen zu sprechen wünsche. Darauf:

Der Graf fragte, ob diese, für Fremde getroffene, Maßregel auch einem Freund des Hauses gälte; worauf jener antwortete, daß er von keiner Ausnahme wisse, und bald darauf, auf eine zweideutige Art hinzusetzte: ob er vielleicht der Graf F... wäre? (S. 128)

Um diese Zeit macht sich die Marquise – vermeintlich „sehr richtig" – klar, dass **der Vater ihres Kindes** „nur aus dem zertretensten und unflätigsten Schlamm" der Welt stammen könne (S. 127). Diesen und keinen anderen Mann sucht sie per Anzeige. Offensichtlich verschließt sie gerade deshalb vor dem Grafen ihre Tür, weil ihre Schwangerschaft ihn nichts angeht. Vielleicht liebt sie ihn; aber er kann ihr nicht helfen. Sie hat damit zu tun, mit ihrem eigenen Schicksal fertig zu werden und dem Kind den Vater zu suchen.

Nun liest man aber so irritiert wie belustigt, dass F. abermals ein wahrhaft gewiefter Eindringling ist. Heimlich, durch eine verborgene „Pforte, die er offen fand" (S. 128), gelingt ihm der Zutritt zum Garten der Marquise. (Der Leser darf auch denken: Vorn, am offiziellen Eingang, hat die Marquise einen Pförtner postiert. Heimliche andere Zugangsmöglichkeiten haben sich ihrem Bewusstsein entzogen.) Als der Graf im geschützten Raum der Laube zärtlich seine Vaterschaft gestehen will, ruft er aber gerade damit alle Selbstschutzkräfte und **Abwehrmechanismen der Marquise** gegen die Möglichkeit einer solchen Wahrheit auf. Ihre Gegenwehr, ihre Verteidigung des Wahns, dass dieser Herrliche kein Vergewaltiger sein könne, führt bis zur Gewaltanwendung:

Ich will nichts wissen, versetzte die Marquise, stieß ihn heftig vor die Brust zurück, eilte auf die Rampe, und verschwand. (S. 129)

Ihr letzter Versuch der Gegenwehr macht die Marquise zur Rasenden und Schwester der Penthesilea und mündet in einen Nervenzusammenbruch: Sie liegt „im heftigsten Fieber" (S. 142). Zum vereinbarten Termin nämlich, als der Graf ins Zimmer trat, glaubte sie an einen Zufall und war nach wie vor außerstande, den Gesuchten mit dem „Engel" der fraglichen Nacht in Verbindung zu bringen. Als einfachen Menschen (einfach als Menschen) kann sie sich den „Engel" immer noch nicht denken. Weil ein Engel – asexuell – keine Kinder zeugt, muss folglich der arme Graf F. ein Teufel sein, der sie, maskiert als Engel, geschwängert hat. So erklärt sich ihr Satz, in diesem Fall in erster Linie an sich statt an das Kind denken zu müssen (ebd.). Sie braucht viel Zeit dazu. Erst nach einem Jahr vermag sie „um der gebrechlichen Einrichtung der Welt willen" (S. 143) ihren langmütigen und noblen Mann und dann wohl auch ihre eigene Sexualität zu bejahen. In knapper Zusammenfassung:

Die Erzählung macht deutlich, daß für die Frau die ungeheuerliche Tatsache, schwanger zu sein, ohne sich einem Mann hingegeben zu haben, leichter erträglich ist als die Erfahrung, daß der Engel zugleich ein Teufel ist. Erst hier droht ihr [der Marquise von O.] die psychische Zerrüttung. Vorher hielt sie sich in großartigem Schwung an das Gefühl der Unschuld, das sie sogar dem Schuldspruch des eigenen Körpers gegenüber aufrecht zu erhalten vermochte. Jetzt geht der Riss durch ihr inneres Wissen, durch das Gefühl selbst.[4]

3 Besondere Aspekte

Der gute Ruf und die Entdeckung der Uneindeutigkeit des Menschen
Kleists vielschichtige Novelle besitzt auch eine gesellschaftskritische Dimension, denn vom „ersten Akt" an setzt sie sich durchgehend mit dem sogenannten „guten Ruf" auseinander, dem man wie einem Götzen opfert.

Der gute Ruf war das Gütesiegel, das die Gesellschaft dem zuerkannte, der sich ihren moralischen und sozialen Normen und Regeln unterwarf und durch tadellosen Lebenswandel die Gültigkeit eben dieser Normen und damit die Gesellschaftsordnung insgesamt aufrechterhielt und garantierte. Bei Theodor Fontane, dem anderen großen Preußen, heißt der gute Ruf (im Roman *Effi Briest*) **„das uns tyrannisierende Gesellschafts-Etwas"**. Der gute Ruf oder Leumund war höchstes Gut und Damoklesschwert in einem und nahm den Einzelnen in Sippenhaft. In der vorrevolutionären Gesellschaft und eigentlich bis zur Abdankung der alten Mächte 1918 war man viel weniger Individuum als heute, viel weniger frei, sein Leben nach eigenem Dafürhalten zu gestalten; man war vor allem Träger eines – in der Regel stolzen – Namens. Wer sich schuldig machte, befleckte den guten Namen der ganzen Familie noch rückwirkend bis in die Ahnenreihe hinein. Für seinen guten Namen und Ruf einzustehen, war eine Frage der **Ehre**. Seine Beleidigung durch Dritte erforderte Satisfaktion (meist in Form des Duells).

In heutigen westlichen Gesellschaften finden sich nur noch Reste dieses feudal-konservativen Ehrenkodexes und Wertesystems. Aber noch immer gilt: Wer einen guten Ruf genießt, ist geachtet; alle Türen stehen ihm offen, mit ihm kann man Geschäfte machen. Wer ihn sich verscherzt oder ruiniert, wird von der Gesellschaft geschnitten. Er verliert sein Gesicht (vermutlich ist dies das heutige Wort für Ehre), ist „unten durch" und kann sich öffentlich nicht mehr sehen lassen.

Kleist zeigt die **Fassadenhaftigkeit des guten Rufes**. Er deckt die Ambivalenz oder Zweideutigkeit dieses Konstruktes auf und stellt – darüber hinaus – die (eindeutige) Beurteilbarkeit eines Menschen grundsätzlich infrage. Man kann sich vorstellen, dass Kleists prekäre Rolle in der eigenen Familie ihn für dieses Thema empfindlich gemacht hat. Seit er, statt seinem König zu dienen, dem eigenen dichterischen Genius folgte, fühlte er schmerzlich den latenten Vorwurf der Angehörigen, ihren guten Namen zu beschädigen. Aus Familienrücksichten zum Beispiel ließ er sein erstes Drama anonym erscheinen. Kleists Arbeit an sich selbst und seine Genialität konnte man – konnten die meisten Zeitgenossen – nicht erkennen. Man sah nur seine Schulden und seine Unfähigkeit, es im Rahmen des Üblichen zu etwas zu bringen.

Da die Marquise von O. als nicht wieder verheiratete Witwe schwanger ist, hat sie „Schande [...] über die Familie gebracht". Mit diesen Worten warnt ihr Bruder den aus Neapel zurückgekehrten Grafen F. davor, sich weiter für sie zu interessieren (S. 127 f.). Der Vater hat als richterliche Instanz im Namen der von ihm vertretenen gesellschaftlich-moralischen Ordnung die „Nichtswürdige" (einst so Vortreffliche) verstoßen und damit wie einen faulen Zweig vom Stammbaum der Familie abgeschnitten.

Nun ist es aber so, dass gerade die Marquise, obwohl schwanger und damit vor den Augen der Welt schändlich, reinen Gewissens ist. Sie fühlt sich verkannt, ohne etwas dagegen machen zu können, und tritt „mit dem ganzen Stolz der Unschuld gerüstet" (S. 126) den Weg in die Verbannung an. Genau umgekehrt verhält es sich im Falle des Grafen F. Er hat definitiv schändlich gehandelt, aber er gilt aller Welt als ehrenhaft. Kleist konstruiert also eine **paradoxe Überkreuz-Stellung**, um darzutun, welch trügerische Kategorie der „gute Ruf" ist.

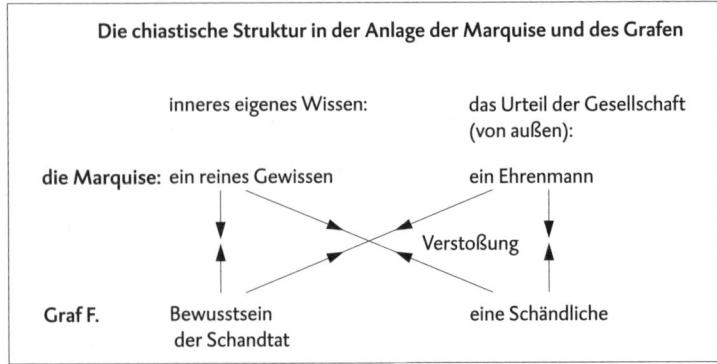

Das **Volk** belächelt den Popanz des guten Rufes. Es geht, repräsentiert in der Person der **Hebamme**, von vornherein von der Doppelmoral der vornehmen ebenso wie der einfachen Leute aus. Die Welt will betrogen sein, also gilt es, den Schein und guten Ruf nach außen zu wahren und die Schwangerschaft zu kaschieren. Kleists Hebamme ist frei von der rigiden Kleinbürgermoral, die im Sturm und Drang und dann im sozialkritischen Drama des 19. Jahrhunderts, etwa in Friedrich Hebbels *Maria Magdalena*, uneheliche Schwangere in den Tod hetzt. Sie ist weit entfernt vom Anspruch unbedingter Glaubwürdigkeit, den die Marquise und auch ihre Eltern vertreten, die lebensgefährlich lange auf Eindeutigkeit bestehen. Erst im „vierten Akt" hört die Obristin auf, dem guten Ruf als ihrem Maßstab zu gehorchen; sie macht sich geradezu über ihn lustig, stellt ihr bisheriges Wertesystem auf den Kopf und verspricht: „Ich [...] *will* keine andre Ehre mehr als deine Schande" (S. 136). Besonders im alten Schädel des Obristen war kein Platz für den Gedanken, dass der gute Ruf ein Trugbild sein könnte, bis auch er es unter Heulen und Wehklagen begreifen muss (S. 136 ff.).

Graf F. aber hat in der Grenzsituation des Krieges an sich selbst erfahren, dass ein und derselbe Mensch ehrenhaft und entsetzlich, schändlich und rechtschaffen in einem sein und sich selbst zum Rätsel werden kann. Und indem er diese Wechsel- und Doppelnatur und **eigene Zweideutigkeit** erkennt, durchschaut er auch generell die Diskrepanz zwischen innerem Sein und äußerem Schein. Deshalb nennt er – hier geradezu Sprachrohr des Dichters – den **guten Ruf die „zweideutigste aller Eigenschaften"**, die ein Mensch haben könne (S. 112), ohne doch vorerst irgendwem (außer dem Leser) vermitteln zu können, was er meint und welches Tabu er da antastet. Der Forstmeister und Bruder der Marquise jedenfalls „glotzt" ihn nur verständnislos an, als ihm die Bemerkung entfährt, dass die Marquise „mehr wert wäre, als die ganze Welt, die sie verachtet[e]" (S. 128). Dieser Forstmeister-Bruder scheint von ähnlich beschränkter Redlichkeit wie Gretchens Bruder Valentin in Goethes *Faust* zu sein; fast verwundert es, dass er den Grafen am Ende nicht zum Duell fordert. Und auch die Marquise kann lange das Zweideutige und die Gleichzeitigkeit des anscheinend Unvereinbaren nicht denken. Für sie ist der unheimlich, der Retter und Vergewaltiger in einer Person ist: eine gespaltene Persönlichkeit, ein **Doppelgänger**, ein Dämon am Ende, den man mit Weihwasser exorzieren muss (S. 141). Sie ist nicht etwa klüger oder freier als ihre Eltern, sondern fühlt sich noch in der Einsamkeit in V. dem guten Ruf unterworfen. Da sie ihn nicht zurückgewinnen kann, zieht sie sich in ihr Innerstes zurück. Für das Kind aber sucht sie den Vater, damit es später vor den Augen der Welt wird bestehen können und ihm nicht „ein Schandfleck in der bürgerlichen Gesellschaft ankleb[t]" (S. 126 f.).

Die europäische und **deutsche Klassik** – beeindruckt vom Menschenbild der antiken griechischen Philosophie und Kunst und beseelt von der Idee, dass das Schöne, das Gute und das Wahre im **idealen Menschen** zur Synthese kommen, – schuf literarische Gestalten, deren innerer Auftrag es war, dieses Ideal zu verkörpern. Goethes Iphigenie ist sich selbst transparent. Schicksal lastet auf ihr, aber kein dunkler Trieb bedrängt sie; Gefühl und Bewusstsein stimmen in ihr überein, sie kennt ihre innere Wahrheit; zum Wagnis wird ihr nur, aus schützenden Verstellungen und Masken herauszutreten und ihre Identität mit sich selbst auch vor der Welt zu behaupten. Anders bei Kleist: Seine Frauengestalten erleiden die Widersprüchlichkeit zwischen Gefühl und Bewusstsein und die Unvereinbarkeit von Triebstruktur und gesetzter Norm. Das klassische Ideal der Selbstidentität, der Eindeutigkeit und der Übereinstimmung von innen und außen ist für Kleist schon darum nicht mehr haltbar, weil er es wagt, die Sexualität des Menschen einzubeziehen. Hinzu kommt außerdem und als Konsequenz aus dem Genannten sein anderes Verhältnis zur Sprache.

Sprachlosigkeit bei Kleist
Während der Charakterisierung der Figuren und der (anschließenden) Interpretation einzelner Textstellen stößt man auf ein erstaunliches Phänomen, das verdient, gesondert beleuchtet zu werden, auch wenn es dadurch zu Wiederholungen kommt. Es fiel auf, dass der Erzähler seine Figuren kaum beschreibt, deutet oder kommentiert und dass auch die Figuren selbst wenig von sich erzählen, kaum einmal Zusammenhängendes sagen und häufig ganz **verstummen**. Bezeichnend sind Mitteilungen des Erzählers wie: „die von allen solchen Auftritten sprachlos war" (S. 105), „Und die Sprache ging ihr aus" (S. 122), „Der Obristin verging [...] die Sprache" (S. 131 f.); eigenartig stumm vollzieht sich die Versöhnung zwischen Vater und Tochter: „Die Tochter sprach nicht, er sprach nicht" (S. 138).

Vor allem die Hauptfiguren wechseln kaum ein Wort miteinander. Während der gesamten stürmischen ersten Werbung des Grafen war die Marquise schweigsam geblieben. Als der Graf sie später in V. alleine findet (S. 128 f.), kommt es ebenfalls zu keinem Gespräch, das diesen Namen verdiente. Die Marquise bringt lediglich **Satzfragmente** hervor:

> *Der Graf F...! sagte die Marquise, als sie die Augen aufschlug, und die Röte der Überraschung überflog ihr Gesicht. [...] Hat man Ihnen denn in M... nicht gesagt – ? – fragte sie, und rührte noch kein Glied in seinen Armen.* (S. 128 f.)

Abermals steht hier der Gedankenstrich, und sogar doppelt, für das Unsägliche. Dann bringt die Marquise noch ein „Hinweg!" hervor, bis am Ende ihr einziger vollständiger Satz während der ganzen Szene – bestehend aus vier Wörtern, fünf Silben – einer weiteren Kommunikation die Grundlage entzieht. Dieser Satz: „Ich *will nichts* wissen", ist außerdem deutlich mehr **Emphase**, mehr heftiger Ausruf und unmittelbare Gefühlsäußerung als Element des diskursiven Sprechens.

Die Marquise (Edith Clever) auf der Flucht vor dem Grafen (Bruno Ganz), Szene aus der Verfilmung von Eric Rohmer (1976)

Gesteigert findet sich der Sachverhalt des Verstummens in der dramatischen Erkennungsszene („Akt V"). „[W]ie erstickt von Gedanken, ging ihr die Sprache aus", heißt es von der Obristin, als der Graf ins Zimmer tritt (S. 140). Der Graf wiederum

> *hatte ein Knie vor ihr gesenkt; die rechte Hand lag auf seinem Herzen, das Haupt sanft auf seine Brust gebeugt, lag er, und blickte hochglühend vor sich nieder, und schwieg* (ebd.).

Die Funktion des Erzählers beschränkt sich auf das Registrieren dessen, was sichtbar wird. Im eigentlichen Sinne erzählt er gar nicht, sondern verfertigt ein Bewegungsprotokoll.

Nicht nur für die Novelle *Die Marquise von O.*, sondern für alle Erzählungen und sogar für die Dramen, die doch vom Dialog leben, gilt: **Bei Kleist wird beharrlich geschwiegen** (Müller-Seidel). Das Sonderbare liegt vor, dass ein Dichter, ein Erzähler, dessen Kunst doch Wortkunst ist, die Sprache, sofern sie ein Sprechen über die Dinge ist, für unzureichend hält. Er hält sie für unzureichend, weil er das Äußerste und Innerste des zwiespältigen, uneindeutigen Menschen empfinden kann und zum Ausdruck bringen möchte, aber die verbale Sprache versagt ihm als Instrument (als Medium) dafür. Denn die Sprache, so hatte er der Schwester Ulrike geschrieben, kann die Seele nicht malen.

> *Wenn ich beim Dichten in meinen Busen greifen – meine Gedanken ergreifen und mit Händen, ohne weitere Zutat, in die deinigen legen könnte: so wäre [...] die ganze innere Forderung meiner Seele erfüllt,*

formuliert er im Todesjahr 1811 im fingierten *Brief eines Dichters an einen anderen* (Werke II, S. 349). Kleist ist überzeugt davon, dass in der Tiefe der menschlichen Seele Wahrheit ist – das Gefühl weiß davon, es reicht bis in diesen dunklen Grund „unter den Wurzeln der Gedanken" (Robert Musil) hinab. Aber es handelt sich um eine vielschichtige, dunkle, verworrene Wahrheit. Wenn eine aus dieser Schicht aufsteigende Regung sich im Kleid der Alltagssprache mitteilen möchte, ist sie bereits ins zu Eindeutige entstellt. Es ist also Kleists **Unbedingtheitsanspruch**, der sich an der Sprache reibt und **der ihn** zugleich **zum Dichter macht**, denn als Dichter sucht und entwickelt er eine

Sprache hinter oder jenseits der Sprache, in der die Seele sich unverfälscht (authentisch) mitteilen kann. Seine dichterische Anstrengung und Arbeit ist es, den Horizont des über seelische Vorgänge Sagbaren zu erweitern.

Einerseits also verstummen Kleists Menschen, wenn in ihnen etwas geschieht, dem die Sprache nicht gewachsen ist und vor dem der Verstand kapituliert: wenn ihre eigene Rätselhaftigkeit oder Wahrheit ins Spiel kommt. Andererseits kann die innere Bewegtheit ungefragt ohne Umweg über Sprache nach außen durchschlagen. Darum sehen wir Kleists Menschen erröten und erbleichen, sich abwenden, den Blick senken, sich einander zu Füßen werfen und sich wieder aufrichten, weinen und sich berühren. Darum ist das kurze Aufglänzen (S. 117) oder der Ausdruck „tötender Wildheit" (S. 141) in Juliettas Augen einerseits beredter, andererseits aber auch vieldeutiger als jedes Wort. „Kleists Menschen erschließen sich in der **totalen Gebärde**", dieser Dichter bringt den „inneren Bezirk zum Leuchten, aber er beraubt ihn nicht durch Formulierung seines Geheimnisses" (Blöcker, S. 231 f.). Graf F. wird, indem er mit dem Unsagbaren ringt, ständig von einer Röte überflutet, die nicht nur Scham anzeigt, sondern eigentlich auch die fast kindliche, ursprüngliche Intaktheit seines Empfindens. Jugend erbleicht und errötet; in Erwachsenen ist diese Gefühlsunmittelbarkeit meist abgetötet. Sogar das Gegenteil des Verstummens, etwa der in der ersten Werbeszene heillos aus dem Grafen hervorbrechende Wortschwall, ist Sprache der Seele, unwillkürliche Entladung eines Gehemmten, und enthält damit mindestens so viel emotionale wie inhaltliche Information (vgl. *Interpretationshilfe*, S. 80 ff.).

Kleist unterstützt die Dimension der unmittelbaren Gefühlsäußerung mit seiner **Interpunktion**. Er setzt mehr Kommata, als laut Duden korrekt sind: Er zerhackt (segmentiert) den Satz mit Kommata so, dass nacheinander jedes Satzglied als einzelne Hervorbringung eigenes Gewicht erhält: („... lag er, / und blickte hochglühend vor sich nieder, / und schwieg"; S. 140). Zahlreiche Ausrufezeichen interpunktieren die Expressivität des Erzählten. Der doppelte Gedankenstrich um das Fragezeichen herum (vgl. S. 128) ist gestisches Sprechen. In der langen Pause des dreifachen Gedankenstrichs in der Begegnungsszene („auf einen Lasterhaften war ich gefaßt, aber auf keinen – – – Teufel"; S. 141) scheint das plötzlich nicht mehr haltbare Bild vom Grafen als „Engel" noch einmal präsent zu sein und so unter Schmerzen zu zerbrechen, dass in diesem Augenblick niemand mehr die Marquise erreichen kann. Hinzu treten **eigenwillige Fügungen**, die die Sprache dynamischer, das Geschehen intensiver und körperlicher machen, etwa wenn es heißt: Ihr „stürzte der Schmerz aus den Augen" (S. 125) oder: Sie „schlug mit einem Blick funkelnd, wie ein Wetterstrahl, auf ihn ein" (S. 140). Als „Dichter sondergleichen" (Thomas Mann) ringt Kleist der Sprache sprachschöpferisch die Ausdrucksmöglichkeiten ab, die seiner Sicht auf den Menschen adäquat sind.

Das radikalste Verstummen sind die **Ohnmachten**, in die Kleists Menschen fallen. Als der Schuss aus der Pistole des Obristen knallt, fällt die Obristin in verständlichem Schrecken in Ohnmacht (S. 130), das kann man relativ gut nachvollziehen, und sie erholt sich auch wieder schnell davon. Gravierender sind die Ohnmachten der Marquise. Sie versinkt zweimal unter die Schwelle ihres Bewusstseins. Jedes Mal geschieht das in einer Situation äußerster innerer Widersprüchlichkeit, in der sie sich selbst nicht mehr begreift. Das erste Mal fällt sie gleichsam durch alle Auffangnetze ihres Bewusstseins hindurch bis hinab in den vegetativen Quellgrund ihrer Existenz. Man könnte diese Ohnmacht als Sturz in die Identität mit sich selbst und als Gewinn für die Marquise betrachten, wenn – freudianisch gesprochen – ihr aristokratisches, von den Normen ihrer elitären Schicht geprägtes Über-Ich nicht so vehement und eisern dagegen anstünde. Die zweite Ohnmacht ergibt sich als Folge dieser

Verdrängung. Jede dieser Ohnmachten hat eine schützende und eine heilende Funktion, und jedes Mal sind diese Ohnmachten Revolutionen. Wie auch im Nervenfieber der Marquise und im Fiebertraum des Grafen sendet das Unbewusste dringliche Signale, die ein Umdenken und anderes Erkennen nahelegen.

Kleist, zwischen Klassik und Romantik stehend, hat als erster deutscher Dichter sein Werk aus der **Position radikaler Sprachskepsis** heraus hervorgetrieben. Für die Klassiker war das Wort der entscheidende Ausdrucksträger. Klassik basiert geradezu auf dem Glauben an die Tragfähigkeit des reinen Wortes, Goethe und Schiller waren von der Sagbarkeit des zu Sagenden überzeugt. Iphigenie etwa kann bitten: „Zwischen uns sei Wahrheit" – und ihre Lebensgeschichte anschließend lupenrein in Worte fassen. Kleists Dichtung dagegen ist schon daran als nachklassisch zu erkennen, dass in ihr die unmittelbare Gestik und Körpersprache (das analogische Sprechen) ebenbürtig neben das Wort (neben digitales Sprechen) tritt. Mit der Entdeckung des Unsagbaren steht er den Romantikern nah, aber er will nicht die Poetisierung der Welt oder die Verklärung des – immer auch vagen – Gefühls. Er strebt vielmehr die annähernd realistisch-analytische Durchleuchtung der Menschennatur mitsamt ihren diffusen, widersprüchlichen und uneindeutigen Gefühlen an.

Der 1813 geborene Georg Büchner greift Kleists Ansatz auf und führt ihn fort. Dessen Danton (im Drama *Dantons Tod*) wiederholt zynisch und melancholisch, was Kleist im *Brief eines Dichters an einen anderen* formulierte:

> *[…] Wir wissen wenig voneinander. Wir sind Dickhäuter, wir strecken die Hände nacheinander aus, aber es ist vergebliche Mühe […]. Geh, wir haben grobe Sinne. Einander kennen? Wir müßten uns die Schädeldecken aufbrechen und die Gedanken einander aus den Hirnfasern zerren.* (Dantons Tod, I.1)

Im 20. Jahrhundert führen v. a. Franz Kafka und Robert Musil das sprachskeptische Ringen um Sprache fort.

4 Interpretation ausgewählter Textstellen

Graf F.: die Einführung einer Person durch den Erzähler (S. 105–108)
Wie lernt der Leser Persönlichkeit und Charakter einer literarischen Figur kennen? Was erfährt er von ihr, wenn er, wie üblich, eine Erzählung vorne zu lesen anfängt und dem Erzählfaden folgt?

Kleist lässt die zentrale Figur des Grafen F. gleich in den ersten Seiten seiner Novelle dreimal hintereinander in Erscheinung treten. In drei winzigen, jeweils nur wenige Textzeilen umfassenden Szenen, in wahren **Mini-Szenen**, wirft er dreimal ein Spotlight auf ihn. Die Szenen:

- Ein russischer Offizier rettet die Marquise von O. (S. 105 f.: 14 Zeilen)
- Staunen über die Leistungsfähigkeit dieses Mannes (S. 106)
- Belobigung des Offiziers durch den Vorgesetzten (S. 107: 15 Zeilen).

Jede dieser Szenen zeigt andere Eigenschaften derselben Person; es entsteht **ein widersprüchliches Bild**. Die Erzählperspektive ist die der **Außensicht**, aber nicht die Sicht des olympischen (allwissenden) Erzählers, sondern die eines Beteiligten. In der ersten Szene erlebt die Marquise den fremden Retter. Er hat die eigenen Leute derart attackiert, dass einer „mit aus dem Mund vorquellendem Blut" zurücktaumelt, danach führt er die Dame galant, französisch redend und als ritterlicher Beschützer fort.

Nach dem berühmten Gedankenstrich im Text (S. 106) kehrt der Offizier in den Kampf zurück. Wahrgenommen wird er jetzt (2. Szene) aus der Perspektive des geschlagenen Festungskommandanten und Vaters der Marquise, der dem Russen seinen Degen übergibt. Er hält ihn, „nach der Rolle zu urteilen, die er spielte" (ebd.), für den Anführer des Sturms und beobachtet, bevor er sich unter Bewachung zurückzieht, mit anscheinend zunehmender Faszination die ungeheure Energie und Tatkraft dieses Mannes. Die Benennung „der russische Offizier" belegt noch einmal die Perspektive von außen: Man kennt seinen Namen noch nicht.

Erzähltechnisch ist hier (in Szene 2) in drei langen Sätzen eine **Kette von Handlungen** so eilig aufgezählt wie von einem Sportreporter, der kaum dazu kommt, Luft zu holen. Das nur einmal den Satz einleitende Subjekt „Der russische Offizier" wird als Pronomen („er ... er ... er ...") wieder aufgenommen, Temporalbestimmungen („bald ... bald ... bald") vermitteln die Schnelligkeit der Abläufe, aber die Hauptsache dieses schlackenlos verbalen Stils sind die Prädikate, eben die **Verben**. Dieser Offizier also setzt sich an die Spitze einer kleinen Abteilung (eines Detachements), ficht, wo es noch nötig ist, lässt die strategisch wichtigen Punkte des Forts besetzen, befiehlt, das um sich greifende Feuer zu löschen, nimmt selber den Löschschlauch, weil es ihm nicht schnell genug geht, klettert mit ihm im Dachstuhl umher und wälzt, nun schon wieder unten, eigenhändig Pulverfässer und gefüllte Bomben aus den Arsenalen, um ihre Explosion zu verhindern. Zu bewundern ist also wahres Heldentum – so scheint es. Es sind Herkulesarbeiten, die der Offizier vollbringt, „**Wunder der Anstrengung**" (S. 106) und sicher einer Auszeichnung wert. Aber auch hier gilt: Ebenso wie der Kommandant hat der Leser nichts als den Blick von außen.

Die dritte Miniaturszene (S. 107) zeigt denselben Offizier, der jetzt, schon vertrauter, Graf F. genannt wird, als er vor versammelter Mannschaft von seinem General belobigt wird. Nicht seine Taten im Kampf, sondern sein „**edelmütige[s] Verhalten**" gegenüber der Marquise von O. werden gerühmt. Außerdem soll er die „Schandkerle" identifizieren, denn sie haben Unehre über den Namen des „Kaisers" (des russischen Zaren?) gebracht und sollen erschossen werden. Der Leser kann in diesem hier vor dem General stehenden Grafen F. kaum den Mann wiedererkennen, der vorher ein Ausbund an Dynamik und Geistesgegenwärtigkeit war. Der russische Offizier Graf F. steht wie gelähmt und blöde da, unfähig, die geforderten Namen zu nennen. Er verhaspelt sich in seiner Rede, wird „über das ganze Gesicht rot", ist unsäglich verlegen.

Wie kann das sein, dass der überlegene Sieger, der galante Ritter, der umsichtige Offizier, der entschlossen Zugreifende – kurz: der Held – auf einmal so sonderbar sediert wirkt? Dass der souveräne Mann sich auf einmal so sichtlich unwohl in seiner Haut fühlt? Es scheint so, als ob der Erzähler dem Leser dieselben Aufgaben stellt, die wir im wirklichen Leben haben. Menschen wirken oft widersprüchlich in dem, was sie tun, und sind einander rätselhaft in dem, was sich von ihnen zeigt. Kleist will den **aktiven Leser**, der sich an der **Aufklärung der Hintergründe und Rätsel** beteiligt.

Vom Ende der Novelle her lesen wir ihren Anfang anders und verstehen nun von innen, was wir zunächst nur von außen nachvollziehen konnten. **Der syntaktisch ganz unmotivierte Gedankenstrich** (Blöcker, S. 240) im Text kann allmählich als Zeichen des Schweigens über die Vergewaltigung verstanden werden, als Diskretion des Erzählers oder als dessen Unfähigkeit, das Unsägliche zu sagen; in ihm ist gleichsam auch der Text in Ohnmacht gefallen (Földényi, S. 310). „Es dürfte in der gesamten Weltliteratur kaum ein zweites Satzzeichen geben, das soviel Geschehen und Schicksal umschließt, wie jener Gedankenstrich in der *Marquise von O.*, der uns einen stummen, wenn auch erst nachträglich zu entziffernden Bericht liefert, was während des Schloßbrandes wirklich geschah" (Blöcker, S. 240; vor Blöcker hat Gottfried Benn vom „gewaltigsten Gedankenstrich der deutschen Literaturgeschichte" gesprochen, vgl. Fingerhut, S. 140). Nachdem man das begriffen hat, überliest man plötzlich nicht mehr, dass der Graf dann „sehr erhitzt im Gesicht" (S. 106) aus dem Haus tritt. Und dass der Festungskommandant gerade ihm seinen Degen übergibt, bekommt neben dem militärischen Sinn den ironisch-fatalen Nebensinn, dass der Vater der Marquise hier seine *auctoritas* gerade an den weitergibt, der seine Tochter missbraucht hat.

Was purer Tätigkeitsbericht zu sein schien, gewinnt beim zweiten Lesen symbolischen Sinn. Am deutlichsten wird die Symbolik im **Akt des Feuerlöschens**. Feuer ist seit Menschengedenken auch Metapher für die Elementargewalt von Sexualität und Liebe; das real „erhitzte" Gesicht des F. ist realistisch begreiflich und hat symbolischen Gehalt. Wenn im Fiebertraum F. die Marquise in der Gestalt des Schwans Thinka so sieht, „daß sie immer **auf feurigen Fluten** umhergeschwommen wäre" (S. 116), so kann das doppelsinnig als die in den Traum überführte reale Feuersbrunst im Schloss verstanden werden und als Bild der Liebesglut. Aber die Liebe hat sich im Zusammenhang einer Vergewaltigung entzündet und ist stigmatisiert als Schuld und Verbrechen. In den eigenhändigen und halsbrecherischen Anstrengungen, das Feuer wieder zu löschen, ist der (durchaus ein bisschen komische) Beginn der verzweifelten Wiedergutmachungsversuche des F. und bereits hier sein „heftiger, auf einen Punkt hintreibender Wille" (S. 114) zu erkennen.

Die dritte Mini-Szene hat sich nun ebenfalls erschlossen. Aus der **Körpersprache**, auf die die Aufmerksamkeit des Erzählers fixiert ist, teilt sich die innere Qual eines Menschen mit, der in völliger Verkehrung und Verkennung seiner unehrenhaften Tat als Muster der Ehrenhaftigkeit gerühmt wird und der die ausliefern soll, die den Tod weniger verdient haben als er selbst. Graf F. vergeht vor Scham in dieser Szene.

Den **Tod** hat Graf F. denn wohl auch im Gefecht gesucht, das unmittelbar auf die Räumung des Forts folgte; zumindest war er bereit, ihn hinzunehmen (S. 108). Auch unter diesem Gesichtspunkt verändert sich die Lesart der Mittelszene. Die großartigen Leistungen und „Wunder an Anstrengung" (S. 106) sehen plötzlich wie Überkompensation und die Flucht des Schuldbeladenen in **Aktionismus** aus. Und wer tollkühn in brennende Dachstühle steigt und bei akuter Explosionsgefahr Munition birgt, spielt ebenso mit dem Feuer wie mit dem Tod.

Die Irritation, die Kleist dem Leser zumutet, hat sich aber beim zweiten Lesen nicht aufgelöst, sondern im Gegenteil noch verschärft. Denn nun weiß man: Der Kommandant und der General irren sich, beide erliegen sie Fehlurteilen. Gestandene Männer in Führungspositionen verkennen krass die Wahrheit und zeichnen gerade den Unwürdigsten aus. Möglicherweise verhindert es ihr elitäres Standesbewusstsein – also ihr soziales Vorurteil –, dass sie einen Angehörigen der eigenen Kaste als unehrenhaft oder gar als Triebtäter auch nur in Betracht ziehen. Vor dieser Folie ist auch nicht mehr verwunderlich, dass der Hauptgestalt, der Marquise von O., der russische Offizier wie ein „Engel des Himmels" erschienen ist. **Die Welt** als ganze, bedeutet uns Kleist in diesen Szenen, ist **undurchschaubar**. Was wir für Wahrheit halten, ist subjektive Interpretation. Die Entscheidung des Autors für ein Erzählen aus der Außenperspektive des jeweils Erlebenden bewirkt, dass auch der Leser den Irrtümern der Figuren erliegt und so lange im Netz der Täuschungen gefangen bleibt, bis er selbst über die Undurchschaubarkeit von Menschen und Phänomenen zu grübeln anfängt.

Brautwerbung kurz gefasst: Kleists „dass"-Sätze (S. 110/111)

Schon die ersten Leser Kleistscher Prosa bemerkten die eigenwillige **Syntax** dieses Dichters, die besondere Art seines Satzbaus. Es gab Hochachtung für dessen Stil. Andere Zeitgenossen spotteten besonders über die Fülle der *dass*-Nebensätze in der an sich schon mit moralischer Entrüstung zurückgewiesenen *Marquise von O.* Kleist-Gegner August Böttiger fand nicht nur, dass diese Erzählung mit ihren Details „keuschen Ohren durchaus widrig klingen" müsse; er urteilte auch:

> Was jedoch den Styl betrifft, so ist dieser zu undeutsch, steif, verschroben, und wieder zu gemein, um nicht unwillig einige Proben darüber zu geben [...]. So kommt Seite 8 die Wendung „er sagt daß er" u. s. w. in einem Punkte 13 Mal und überhaupt auf Einer Seite diese Konstruktion mit „daß" 30 Mal, richtig gezählt, vor. (Erläuterungen, S. 56 f.)

Für die Stelle, die Böttiger im Blick hat, ist Graf F. verantwortlich. Ihm passiert es in seiner Rede vor der versammelten Familie des Obristen G., dass er sich in endloser Rede verstrickt. Die Situation:

Der Totgeglaubte taucht unvermutet, „schön, wie ein junger Gott, ein wenig bleich im Gesicht", im Hause der G. in M. auf, erklärt so gut wie nichts zu dem Umstand, dass er noch lebt, erkundigt sich aber angelegentlich nach dem Befinden der Marquise und fragt sie – noch im Stehen (stante pede!) –, ob sie ihn heiraten wolle (S. 110). Der Obrist legt ihm nahe, doch erst einmal Platz zu nehmen und schiebt ihm einen Stuhl hin. Man ist, gelinde gesagt, sprachlos. Aber schon bricht aus dem Grafen hervor, was er unter „sich sehr kurz fassen" (S. 110) versteht, sein Versuch und innerer Zwang, sich diesen Menschen zu erklären:

- Er sei auf der Durchreise und in großer Eile.
- In den Monaten seiner Krankheit und Genesung habe ihm das Bild der Marquise stets vor Augen gestanden.
- Er sei trotz mehrerer Anläufe nicht dazu gekommen, sich den Eltern der Frau Marquise schriftlich zu erklären. Er tue wieder Dienst in der Armee und müsse überraschend („plötzlich") mit Depeschen nach Neapel. Er fürchte, von da sogar weiter – zeitraubend weit weg – nach Konstantinopel und von dort aus vielleicht sogar zurück nach Russland beordert zu werden.
- Es sei sein **inständigster** Wunsch, das Jawort der Marquise zu erhalten. (Die Superlative häufen sich im letzten *dass*-Satz.)

Die Äußerung des Grafen enthält nicht nur, wie Böttiger ankreidete, den Parallelismus von 13 *dass*-Nebensätzen, sie besteht sogar nur aus einem einzigen Satzgefüge. Der lapidare Hautsatz „er sagte" führt den Sturzbach aus Begründungen an. Von äußeren Bedingungen und innersten Beweggründen ist darin in einem Atemzug die Rede. Kaschiert von Fakten („Armee", „Depeschen") und Ortsangaben (Neapel, Konstantinopel, St. Petersburg) öffnet F. sein Innerstes: Er wagt sich mit Ausdrücken wie „Lust und Schmerz" hervor und erwähnt – gleichsam eingeklemmt zwischen „St. Petersburg" und „Durchreise durch M." –, dass es um sein Leben gehe und eine „notwendige Forderung seiner Seele" (S. 111). Zum Ausdruck kommen durch diese Verflechtung das innere Dilemma des Grafen und seine Verzweiflung darüber, **zwei unvereinbare Forderungen** gleichzeitig erfüllen zu müssen, die der beruflichen Pflicht und die des Gewissens. Vielleicht darf man seine Rede aber auch als **Doppelrede** verstehen, in der die Fakten eher an die Familienmitglieder adressiert sind, die intimen Äußerungen aber vor allem an die Marquise. Vielleicht spielt sogar ein Funken Hoffnung hinein, dass die Marquise sich an die Nacht erinnert und zumindest halbwegs versteht. (Es wurde sogar die Ansicht geäußert, dass der Graf eine gewisse Komplizenschaft von der Marquise erwartet. So Schmitthäuser, zitiert bei Fingerhut, S. 142 f.)

Und es entsteht der Eindruck von außerordentlicher **Gehetztheit**. Punkte markieren Pausen zum Atemschöpfen, hier aber gibt es keinen Punkt. Gepresstheit und Eile des Vortrags haben aber nicht nur den einen Grund, dass draußen via Napoli schon die Pferde mit den Hufen scharren, sondern dass alles gesagt und geregelt sein muss, bevor sich etwa Anzeichen einer Schwangerschaft bei der Marquise zeigen könnten, dass aber zugleich gar nicht alles gesagt werden kann. Der Graf weiß, dass er mit seinem Auftritt gegen Anstand und Sitte verstößt, aber noch unverzeihlicher wäre es, wenn er Zeit verstreichen ließe. So leidet er unter der „ganze[n] Unschicklichkeit" (S. 111) und auch unter der voraussehbaren Aussichtslosigkeit seines Antrages, der eigentlich ein zweiter Sturmangriff, eine Überrumpelung der Familie ist, und auch diese **Pein** und Verlegenheit wird in der Gedrängtheit des Sprechens spürbar. Und doch muss alles nur irgend Sagbare heraus, denn F. deutet eine drückende Schuld an, ohne deren Bereinigung er nicht länger glaubt leben zu können. Von der existenziellen, ethischen und logischen Notwendigkeit seines Vorgehens und dem gleichzeitigen Wissen um die Unmöglichkeit eben dieses Vorgehens zeugt der eine lange Satz.

Dennoch ist noch nicht alles versucht. Es folgen weitere *dass*-Sätze, bis der Graf „die ratlose Familie schließlich mit der Last von insgesamt 32 *daß*-Sätzen zurücklässt" (Földényi, S. 85).

Verabschiedung des Grafen (Bruno Ganz, rechts) nach der formalen Eheschließung (Szene aus der Verfilmung von Eric Rohmer, 1976)

Nun spricht aber gar nicht Graf F. in *dass*-Sätzen, sondern Kleist, der Autor, setzt sie als **Kunstgriff** ein. Er wählt die grammatische **Technik der indirekten Rede**. Indem der Erzähler in sich jagenden *dass*-Sätzen vom Vortrag des Grafen lediglich berichtet, macht er dessen Gehetztheit und Gepresstheit, seine Zerrissenheit und seinen inneren Widerspruch für den Leser miterlebbar:

> *Der Graf haspelt mit unwiderstehlicher Leidenschaft – und der Erzähler notiert mit haarsträubender Leidenschaftslosigkeit, was er sagt. Somit spielt sich das „Drama" auf zwei Ebenen ab: einerseits befindet sich Graf F... in einer wahrhaft dramatischen Lage (einer Falle), andererseits entsteht die dramatische Spannung zwischen dem Haspeln des Grafen und dessen kühler und distanzierter Wiedergabe.* (Földényi, S. 84)

Von Kleist selber ist bekannt, dass er in Gesellschaft, „unter Leuten", keine gute Figur machte und fast nicht dazu in der Lage war, frei zu reden. Er fühlte sich sichtlich nicht wohl, blieb linkisch und verschlossen. Wenn es ihn aber doch hingerissen habe etwas zu sagen, sei er vor Verlegenheit gleich in eine unangenehme Schärfe und Übereiltheit geraten, habe gestockt und gestottert. – Mündlich Gesagtes konnte Kleists gedanklichem und sprachlichem Anspruch offenbar nicht genügen. Er brauchte die in langsamer und einsamer Arbeit ausgefeilte schriftliche Fassung und fand selbst diese unzureichend. Der Schwester schreibt er: „Die Sprache taugt nicht, sie kann die Seele nicht malen [...]" (Brief vom 5. 2. 1801). Graf F. leidet unter eben diesem Handicap, das aber der Autor Kleist dank seines dichterischen Vermögens begreiflich zu machen versteht. Und wenn Kleist der Braut schreibt: „Ich trage eine innere Vorschrift in meiner Brust [...]. Daher fühle ich mich ganz unfähig, mich in irgendein konventionelles Verhältnis zur Welt zu passen" (10. 10. 1801), so ist das ein Satz, der als Überschrift über der Werbeszene des Grafen F. nicht fehl am Platz wäre.

Landhaus und Gartenlaube: die fadenscheinige Idylle
(S. 126 f., S. 129)

Kleists Novelle enthält Emanzipationsgeschichten. Die Obristin handelt auf eigene Faust: Sie fährt mit Leopardo, dem Jäger, zu ihrer verstoßenen Tochter aufs Land hinaus, wächst durch diese Kühnheit und befördert dabei zumindest eine Teilwahrheit ans Licht. Noch prägnanter scheint auf anderthalb Seiten (S. 126 f.) der **Emanzipationsprozess der Hauptfigur** vom Urknall bis zu dessen reifer Ausformung erzählt zu sein. In der kurzen Textpassage drängen sich bedeutsame Sätze, an denen keine Interpretation vorbeigehen kann. Mit einem dieser Sätze beginnt die Erzählung vom Aufenthalt der verstoßenen Marquise von O. auf ihrem Landsitz in V.:

> *Durch diese schöne Anstrengung mit sich selbst bekannt gemacht, hob sie sich plötzlich, wie an ihrer eigenen Hand, aus der ganzen Tiefe, in welche das Schicksal sie herabgestürzt hatte, empor.* (S. 126)

Der Erzähler scheint hier die Position der Allwissenheit eingenommen zu haben. Es ist eine der wenigen Stellen in Kleists Novelle, die eine Wertung enthält. Die Marquise, eben noch wie zerbrochen und „matt bis in den Tod" (S. 125), findet den Mut, sich gegen Vater und Bruder zu behaupten und ihre Kinder mitzunehmen. Sie emanzipiert sich und löst sich von überkommenen Rollenmustern. Und diesen Akt stolzen, freien und selbstständigen Handelns wertet der Erzähler als „**schöne Anstrengung**". Sie hat entdeckt, dass sie über sich selbst bestimmen kann. Der Vorgang dieser **Selbstfindung** ist bildhaft als ein sich Emporheben aus der Tiefe ausgedrückt. Kleists Satzbau setzt die Worte „herabgestürzt" und „empor" in unmittelbare Opposition zueinander. Die eben noch niedergeschmetterte Marquise findet zum aufrechten Gang. Kraftquelle ist ihr das Bewusstsein ihrer Unschuld.

Auf sich selbst zurückgeworfen, besinnt sich die Marquise (Fritzi Haberlandt) auf ihre eigenen Kräfte (Dramenfassung am Schauspiel Stuttgart 2014).

In den folgenden Tagen und Wochen nimmt sie, was ihr gehört, neu in Besitz: Haus und Hof ebenso wie sich selbst. Den Bruch mit den Eltern sieht sie als irreparabel an. Statt zu klagen und sich zu bemitleiden, plant sie den **Neuanfang**. Sie widmet sich ihren heranwachsenden Töchtern und der Erwartung des ihr mysteriösen dritten Kindes. Zudem nimmt sie sich vor, den etwas vernachlässigten Landsitz wieder instand setzen zu lassen, und malt sich aus, wie sie ihn sich für ihr weiteres Leben „bequem" einrichten will. Da sie gesellschaftlich verfemt ist, will sie sich selbst genug sein. Sie scheint ihre innere Balance, ihren **Schwerpunkt in sich selbst** gefunden zu haben – etwas, nach dem es Heinrich von Kleist sein Leben lang verlangte.

Auch die Sätze, in denen dies alles erzählt wird, sind nun bündig und übersichtlich. Im atemlosen Stil früherer Passagen drückte sich innere Bedrängnis und Not aus; **die ruhigen Sätze** jetzt (S. 126) scheinen der inneren Ruhe und Gefasstheit der Marquise zu entspringen.

Neben Vorstellungen über die eigene Zukunft treten Gedanken an die Zukunft des Kindes. Würde es später den Namen der Mutter tragen müssen, wäre es als uneheliches Kind in der bürgerlichen Gesellschaft von vornherein in Misskredit. Und so ringt sich die Marquise in schlaflosen Nächten zu dem Plan durch, dem Kind per Zeitungsinserat seinen Vater zu finden. Die

Fähigkeit zu diesem Schritt scheint der Höhe- und Endpunkt in der Entwicklung der neu erworbenen Selbstständigkeit zu sein: Sie kann ihn tun, da – wie der Erzähler mitteilt – „**das Gefühl ihrer Selbständigkeit immer lebhafter** in ihr ward" (S. 127).

Insgesamt kann der Leser den Eindruck gewinnen, dass die Marquise von O. nach den Turbulenzen und Überforderungen der zurückliegenden Ereignisse nicht nur bei sich selbst, sondern auch in einem geradezu **paradiesischen Zustand** angekommen sei. Sie lebt, weit weg von Krieg und Streit, auf dem Lande und damit weltabgeschieden (und ein wenig denkt man an Kleists Zeit auf der Schweizer Insel in der Aaremündung). Haus und Garten sind von einer Mauer eingehegt wie ein Paradiesgärtlein, ein *hortus conclusus*. Ein Pförtner steht davor und wehrt Eindringlinge ab. Im Garten gibt es – Idylle in der Idylle – eine Gartenlaube, in der die Marquise gerne zu sitzen pflegt. Dort strickt sie „kleine Mützen, und Strümpfe für kleine Beine" (S. 126) und fühlt sich nicht nur praktisch, sondern auch metaphysisch geborgen. Der zweite berühmte Satz der Textpassage lautet nämlich:

Ihr Verstand, stark genug, in ihrer sonderbaren Lage nicht zu reißen, gab sich ganz unter der großen, heiligen und unerklärlichen Einrichtung der Welt gefangen. (S. 126)

Die Marquise lässt also, wie es scheint, davon ab, verstehen zu wollen, zu grübeln und ihr Bewusstsein zu zermartern, und nimmt stattdessen das Unerklärliche ihres Zustandes nicht nur als unerklärlich, sondern sogar als gottgegeben, als groß und heilig hin. Sie stellt sich wohl vor, dass hinter der Grenze, an der der Verstand gescheitert ist, das dem Menschen unbegreifliche Göttliche waltet, und daher kommt es ihr sogar so vor, dass ihr drittes Kind ein „Geschenk" sei, „das ihr Gott [...] gemacht" habe (ebd.) und „dessen Ursprung, eben weil er geheimnisvoller [ist], auch göttlicher zu sein [scheint]" (ebd.).

Abermals – wie schon im Dialog der Marquise mit der Hebamme (vgl. *Interpretationshilfe*, S. 46) – scheint Kleist hier mit dem **Motiv der Jungfrauengeburt** zu spielen. Mit ihren Erwägungen zum Ursprung des Kindes nähert die Marquise ihr Schicksal dem der Gottesmutter an, und auch ihr umhegter Garten erinnert an das Paradiesgärtlein, in deren Mitte auf mittelalterlichen Tafelbildern Maria ihren Platz hat.

Das Paradiesgärtlein, Gemälde von einem oberrheinischen Meister (um 1410); Städel Frankfurt/Main

Aber solche Anspielungen sind bei Kleist ironisch unterlegt. Seinsfrömmigkeit und Seinsergebenheit der Marquise und ihre Deutung des Kindes als Gottesgabe stehen nämlich im **Widerspruch** zu den Gedanken, die quälerisch ausführlich um die Identität des möglichen Vaters kreisen (S. 127). Die Marquise schließt, dass dieser Mann ein ganz und gar lasterhafter Mensch sein und „zum Auswurf seiner Gattung gehören müsse", und der Erzähler bestätigt ihre Schlussfolgerung als „sehr richtig" (ebd.). Er scheint erneut objektiv urteilen zu können. Da aber der Leser längst weiß, dass das Kind weder Gott noch einen ganz und gar Lasterhaften, sondern den eigentlich noblen Grafen F. zum Vater hat, wird er, wie schon früher, abermals **an der Zuverlässigkeit des Erzählers irre** und muss das Erzählte neu überdenken. Es scheint eher so zu sein, dass die Marquise – selbstsuggestiv – unbedingt will, dass ein Verworfener der Vater ist, damit nur nicht Graf F. infrage kommt. Das „sehr richtig" kann also nur so gedeutet werden, dass der Erzähler gar nicht distanziert und objektiv wissend spricht, sondern die Selbstbeteuerungen der Marquise lediglich nachvollzieht. Entsprechend irreführend hatte sich die vom Leser als objektiv beglaubigte Erzähleräußerung erwiesen, dass nach den kriegerischen Handlungen alles „in die alte Ordnung der Dinge" zurückgekehrt sei (S. 109). Diesem Erzähler ist nicht zu trauen. Das ist etwas ganz Neues in der deutschen Literatur.

Der einmal hellhörig gewordene Leser muss nun auch fragen, wie unanfechtbar die innere Seelenruhe der Marquise und ihre Ergebenheit in den heiligen Gang der Dinge eigentlich sind und was es mit dem idyllischen Frieden in V. tatsächlich auf sich hat. Denn die Idylle ist jäh gesprengt, als Graf F., aus Neapel zurück, sich ihr endlich erklären will. Statt mit Gefasstheit reagiert die Marquise mit blankem Entsetzen:

Ich w i l l   n i c h t s wissen, versetzte die Marquise, stieß ihn heftig vor die Brust zurück, eilte auf die Rampe, und verschwand (S. 129).

„Ich will nichts" muss man sich dabei als sehr expressiv gesprochen vorstellen, denn Kleist hebt es drucktechnisch hervor. Gleich bei der ersten Belastungsprobe rastet, salopp gesagt, die Marquise also aus, sie kippt quasi aus dem vermeintlichen Schwerpunkt, indem sie den Gast körperlich attackiert. Und sie flieht.

Es gibt – ebenso wie in anderen Werken Kleists – gar keinen fundierten Seelenfrieden und auch keine echte Idylle. Die Katastrophe, die im *Erdbeben in Chili* dem anscheinend erreichten paradiesischen Zustand der Glückseligkeit auf dem Fuße folgt, hätte dem Leser Warnung genug sein können. In der Idylle scheint Utopie auf, sie ist aber – als Produkt dichterischer und subjektiver Einbildungskraft – nichts anderes als Poesie: ein Zustand, der nicht wahrhaft resistent gegen die Wirklichkeit ist.

Was in der *Marquise von O.* nach Idylle aussieht, entpuppt sich beim zweiten Blick als **Verschanzung** hinter bewachten Mauern. Erst jetzt fällt auf, dass Kleist zweimal hintereinander die Haltung der Marquise als ein wahrhaft kriegerisches Gerüstetsein charakterisiert. Mit „dem ganzen Stolz der Unschuld gerüstet" (S. 126) behauptet sie sich als Mutter ihrer Kinder gegen den Obristen, und sie weiß sich gegen die „Anfälle der Welt zu rüsten" (ebd.). Sie scheint also nicht gelassen, sondern eher angespannt und abwehrbereit in V. zu leben. Offenbar muss sie das Bewusstsein von ihrer Unschuld unbedingt aufrechterhalten, um nicht zugrunde zu gehen.

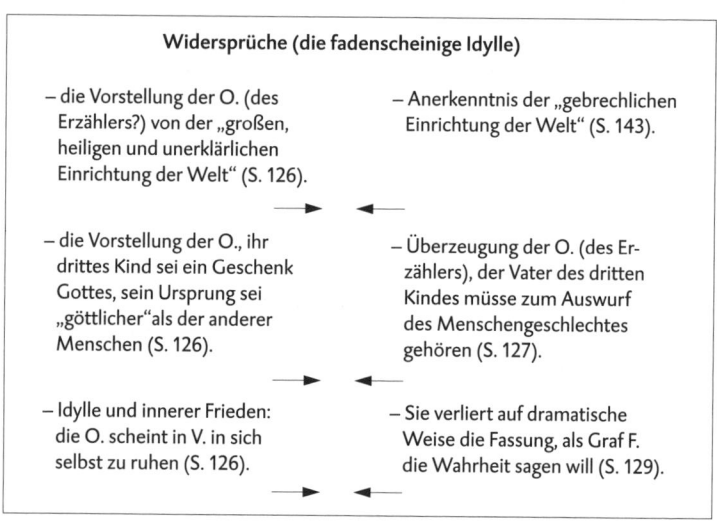

Auch die Vorstellung von der „großen, heiligen und unerklärlichen Einrichtung der Welt" hält nur dann stand, wenn man sie auf das Werden des Kindes im Mutterleib bezieht. Nur dieses, so scheint es, erlebt die Marquise wie nur je eine Mutter ergeben und mit ehrfürchtigem Staunen. **Die Einrichtung der Welt** als ganze aber scheint nicht groß und heilig, sondern gebrechlich, schwierig, unvollkommen und ganz und gar unheilig zu sein. Erst wenn am Ende das nebulöse (romantische) Konstrukt von der heiligen und unerklärlichen Einrichtung der Welt als Illusion aufgegeben ist und die Marquise **„um der gebrechlichen Einrichtung der Welt willen"** verzeihen kann (S. 143), ist **die schönere Anstrengung** gelungen, die für Kleist zur Menschwerdung gehört. Aufschluss kann die Interpretation aus dem bereits erwähnten Aufsatz *Über das Marionettentheater* gewinnen, in dem Heinrich von Kleist über das menschliche Verlangen nach Grazie und innerem Frieden nachdenkt (vgl. *Interpretationshilfe*, S. 2 f.): Der paradiesische innere Frieden, den die Marquise im Garten in V. eine Zeit lang glaubte gefunden zu haben, war – so hatte sich herausgestellt – mit dem Erscheinen des Grafen dahin. Ihre Hoffnung hatte sich als voreilig erwiesen. Das Paradies nämlich, der Einklang zwischen Mensch und Natur und auch der zwischen der inneren Natur des Menschen und seinem Bewusstsein, ist für Heinrich von Kleist unwiderruflich Vergangenheit, seit der Mensch vom Baum der Erkenntnis gegessen hat. Es gibt kein einfaches Zurück. Es gibt nur die verwegene **Vorstellung einer dritten Stufe** nach dem Verlust des Urzustandes (1) und der vermeintlichen Möglichkeit einer schlichten Rückkehr (2). Sie führt **nach vorn** durch Scheitern und Selbsttäuschungen und durch das Bewusstsein hindurch (3) gleichsam als Weg um das Gehirn herum:

> *Doch das Paradies ist verriegelt und der Cherub hinter uns; wir müssen die Reise um die Welt machen, und sehen, ob es vielleicht von hinten irgendwo wieder offen ist.* (Kleist, *Über das Marionettentheater*)

Mit einigem Recht kann man der Marquise von O. erst dann Freiheit und Größe zubilligen, wenn sie die metaphysischen Überhöhungen des sie Bedrängenden aufgeben kann. Dann ist der Vater ihres dritten Kindes weder Engel des Himmels noch Teufel noch ganz und gar lasterhaft, und die eigene Tugendhaftigkeit und die Beschaffenheit der Welt lassen sich nicht länger als makellos und heilig aufrechterhalten. Die gründliche **Revision des Welt- und Selbstbildes** muss also vollzogen sein, damit die Marquise sich mit sich selbst und infolgedessen mit F. versöhnen und abermals, das dritte Mal, in V. einziehen kann: in ein moderates, immerhin materiell gut ausgepolstertes Paradies, das nun das Bewusstsein von der Fragilität der Existenz mit umschließt.

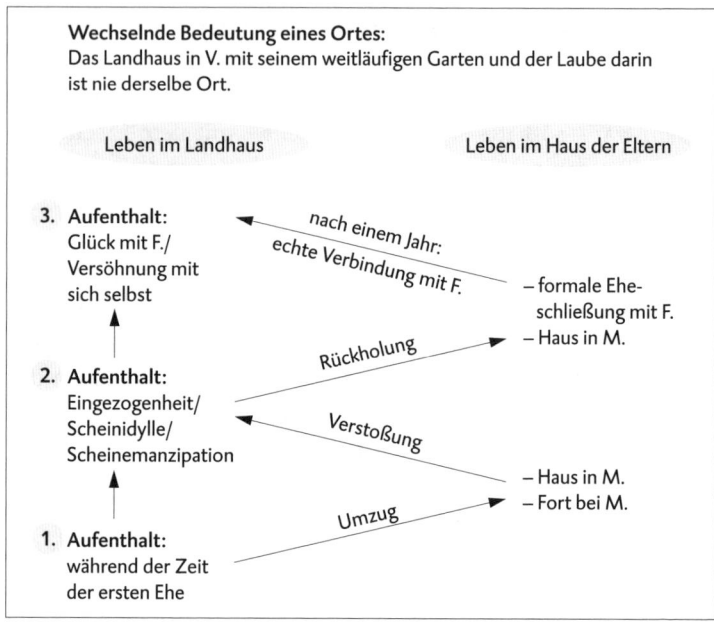

Wirkungsgeschichte

Die Marquise von O. wurde – wie Kleists Dichtung insgesamt – zu seinen Lebzeiten nur von wenigen verstanden. Man empfand den Inhalt der Erzählung als skandalös, kein Frauenzimmer könne das lesen ohne zu erröten. Man stieß sich an Kleists Stil. Man warf ihm Exzentrizität vor, konzedierte ihm, zwar als Weltmann, aber durchaus nicht als Dichter zu schreiben (Karl August Varnhagen von Ense 1808: Erläuterungen, S. 59), und es gab Kreise, die sich darüber empörten, das Motiv der Jungfrauengeburt mit der Geschichte einer Vergewaltigung verknüpft zu finden. „Was sagen Sie denn zu dem Glück unserer Neukatholiken? Zur neuen Maria?", wurde gefragt (Erläuterungen, S. 58). Man hielt Kleist wegen dieses Motivs für einen der Romantiker, die um 1800 zum Katholizismus konvertiert waren. Die Wiener Zensurbehörde verbot die beiden in Berlin erschienenen Bände mit den Erzählungen wegen vermeintlich unmoralischer Stellen darin.

Früh in seiner Bedeutung erkannt wird Kleist von Adam Müller, dem Mitherausgeber des *Phöbus* und der *Berliner Abendblätter*, und von seinen Dichterkollegen E. T. A. Hoffmann, Ludwig Tieck und Wilhelm Grimm. Tieck nimmt sich des Kleistschen Nachlasses an. Es ist sein Verdienst, die erste Gesamtausgabe erarbeitet zu haben, die 1826 unter dem Titel *Gesammelte Schriften* erscheint und in überarbeiteter Form 1859 und 1863 neu aufgelegt wird. Durch diese Gesamtausgabe erschließt sich Kleists Werk in der zweiten Hälfte des 19. Jahrhunderts einem breiteren Lesepublikum, und es setzt sich die Überzeugung durch, es hier mit einem der größten deutschen Dichter zu tun zu haben.

Als sich nach der deutschen Reichsgründung 1871 der Stolz auf das kulturelle Erbe der Nation in zahlreichen Klassiker-Ausgaben niederschlägt, stehen wie selbstverständlich auch Kleists „Sämtliche Werke" in dieser Reihe. Kleist gehört zum Literaturkanon.

Theodor Fontane (1819–1898) hielt gerade die *Marquise von O.* für „das Glänzendste und Vollendetste", das Kleist geschrieben habe (Erläuterungen, S. 68).

Generationen von Kleistforschern interpretieren seitdem die *Marquise von O.* mit unterschiedlichem Erkenntnisinteresse und je anderem methodischen Ansatz:

- existenzphilosophisch, sodass vor allem das Problem des Erkennens und der Ich-Identität im Mittelpunkt steht,
- psychoanalytisch bezüglich der Frage der Verdrängung und der engen Vater-Tochter-Beziehung,
- sprachanalytisch mit dem Schwerpunkt auf Kleists skeptischem Verhältnis zur Sprache,
- strukturell, indem man das Hauptaugenmerk auf Besonderheiten der Erzähltechnik, der Kleistschen Ironie und des Aufbaus der Erzählung legt.
- Ein materialistischer Ansatz macht besonders auf den Ehevertrag und die Regelung der Vermögensverhältnisse am Schluss der Novelle aufmerksam.
- Und es gibt die politische Deutung, die in der *Marquise* Kleists Feudalismuskritik entdeckt (s. u.: H. Lange).

Im 20. Jahrhundert verdichtet sich die Kleist-Rezeption ins kaum mehr Überschaubare und erlebt die wildesten Auswüchse und Richtungskämpfe. Von so unterschiedlichen Schriftstellern wie Franz Kafka, Rainer Maria Rilke und Thomas Mann wissen wir, dass sie in Kleist den „Dichter sondergleichen" (Thomas Mann) sahen.

Das „Dritte Reich" versuchte, Kleist als Barden Großdeutschlands zu vereinnahmen, ließ aber die Erzählungen mit Ausnahme des *Michael Kohlhaas* unbeachtet.

Die Spaltung Deutschlands nach dem Zweiten Weltkrieg hatte zur Folge, dass neben der Kleist-Forschung im Westen auch die Schriftsteller und Intellektuellen der DDR um das richtige Kleist-Bild rangen: Den einen war Kleist der reaktionäre altpreußische Junker, den anderen wurde er zum Verbündeten in der eigenen Auseinandersetzung mit einem erstarrten gesellschaftlichen System, das den Künstler in die Außenseiterposition abdrängt (so für Günter Kunert und Christa Wolf).

Zahlreiche Talente fühlten und fühlen sich zur textnahen **Dramatisierung** der *Marquise von O.*, zu Nachdichtungen oder Neubearbeitungen des Hauptmotivs von der unwissenden Empfängnis angeregt. Ein Wiener Kritiker gab anlässlich der 1933 gescheiterten Aufführung der *Marquise von O.* von Ferdinand Bruckner (1891–1958) zum Besten: „Ein Dramaturg einer großen deutschen Bühne erzählte mir einmal, daß kein Jahr vergehe, ohne daß mindestens ein Drama, das die Kleistsche Novelle auf die Bühne bringen will, bei seinem Theater eingereicht wird. Manchmal sind es auch zwei oder drei im Jahr." (Erläuterungen, S. 96 f.) Dass Adaptionen der *Marquise* für die Bühne scheitern, erstaunt zunächst, da diese Erzählung in Aufbau, szenischer Gliederung und Dynamik „fast ein Drama" genannt zu werden verdient. Der Grund für das Scheitern der vielen Dramatisierungsversuche, die sich einerseits „Tragödien" und andererseits „Komödien" nennen, kann darin liegen, dass Kleists Spannung zwischen dem Komischen und dem Tragischen nicht gehalten werden kann. In dieser Mischung liegt aber gerade der Zauber und vielleicht auch die Lebensfähigkeit der Novelle. Bruckners Versuch ist nicht ganz untergegangen. 2003 wurde seine *Marquise* im „Theater 89" in Berlin erneut gegeben und zu einem Erfolg. Aus dem Internet ist zu erfahren, dass Bühnenbearbeitungen der *Marquise von O.* (1991/92 in Freiburg, 1996 in Hannover, 2001 in Cottbus, 2006 in München) nach wie vor gespielt werden. Auch zur Vertonung hat Kleists Vorlage angeregt. Heimo Erbse (1924–2005) komponierte *Julietta*, eine *opera semiseria* in 4 Akten, die 1959 anlässlich der Salzburger Festspiele uraufgeführt wurde. „Semiseria" heißt „halbernst". Erbse bemühte sich also um die Zwienatur der Novelle.

Szene aus einer Dramenfassung des Münchner Teamtheaters Tankstelle von 2006 (Regie: Alexia Hermann)

Die interessanteste Adaption des Stoffes, Hartmut Langes **Komödie „Die Gräfin von Rathenow"**, interpretiert Kleist politisch. Lange, geboren 1937 in Berlin, gehörte zu den erfolgreichsten Brecht-Schülern und Dramatikern der DDR. 1965 siedelte er in die Bundesrepublik über. Die Uraufführung seines Stückes fand 1969 in Köln statt. Der Autor unterstellt, dass Kleists *Marquise von O.* als zeitkritische, antifeudalistische Allegorie zu lesen ist. Er geht davon aus, dass Kleist in der nach 1806 – dem Jahr der preußischen Totalniederlage in der Schlacht bei Jena und Auerstedt – geschriebenen Novelle den Niedergang der alten aristokratischen Machtelite gestaltet und ihren Wertekanon und ihre Standesehre der Lächerlichkeit preisgegeben habe. Dabei verlegt Lange die Handlung von Oberitalien nach Preußen zurück. Ein junger napoleonischer Leutnant, Marquis de Beville, rettet die junge preußische Gräfin von Rathenow unter ähnlichen Umständen wie bei Kleist und schwängert sie in ihrer Ohnmacht. Der Vertreter des neuen revolutionären Geistes hat damit das ohnmächtige Preußen gleichsam mit Gewalt an sich gerissen. Der alte Kommandant dankt ab. Die junge Preußin holt sich (zwischendurch) den Stallknecht ins Bett. Insgesamt erweist sie sich als fähig, die neuen Ideen der Selbstbestimmung gutzuheißen und zu verwirklichen. Beville, zunächst von den Eltern der Gräfin abgewiesen, erscheint (trotz Stallknecht) auf die Annonce der Gräfin hin. Ihre Verehelichung symbolisiert bei Lange den erträumten Bund zwischen Preußen (Deutschland) und dem neuen Frankreich. Das gemeinsame Kind wird als Synthese dieser Verbindung ein modernes (freieres und besseres) Zeitalter heraufführen.

Auch der Film wagte und wagt sich an Heinrich von Kleists Erzählung heran. Es gibt eine alte, recht freie **Verfilmung** der Novelle von Paul Legband (1920), die mehr oder weniger in Vergessenheit geraten ist. Eine neue, überaus freie Umsetzung des Stoffes stellt der Film *Julietta* (2001; Regie: Christoph Stark) dar. Er erzählt von einem Mädchen, das von Stuttgart nach Berlin zur Love Parade fährt, unter Drogeneinfluss die Besinnung verliert und von ihrem Retter geschwängert wird.

Als Meisterwerk unter den Verfilmungen gilt die deutschfranzösische Gemeinschaftsproduktion von 1976, *Die Marquise von O. – nach der Novelle von Heinrich von Kleist,* (Regie: Eric Rohmer; Marquise: Edith Clever; Graf F.: Bruno Ganz). Kleists markante Sätze an Wendepunkten der Handlung werden darin als Texte eingeblendet. In großer Achtung für Kleists Wort folgte Rohmer ihm in allen Dialogen, lediglich die Wiedergabe des

Traums vom Schwan Thinka verschob er – nach einer ersten Andeutung während der ersten Werbung – an den Schluss. Graf F. erzählt ihn seiner Frau während ihrer Versöhnung. In hochästhetischen Bildern zeigt der Film Menschen und Handlungen ohne zu deuten, und gerade dank dieser Kleist verpflichteten Zurückhaltung ergreift das Schicksal der Figuren. Eric Rohmer fand, dass Kleist es ihm leicht gemacht habe:

Erstens, weil die Dialoge des zukünftigen Films schon vollständig ausgearbeitet sind in einer Form, die [...] glatt „über die Leinwand gehen" müßten, weil die Dialoge in direkter Rede stehen oder, in indirekter Rede geschrieben, äußerst leicht umzusetzen sind.

Zweitens, weil sich der Erzähler jegliche Andeutung der inneren Vorgänge seiner Helden versagt. Alles ist von außen her beschrieben und mit der gleichen Unberührtheit betrachtet wie durch die Objektive einer Kamera [...].

Drittens, weil Kleist uns mit äußerster Präzision, besser als der gewissenhafteste Drehbuchautor, über die Gewohnheiten, Bewegungen, Äußerungen seiner Helden Auskunft gibt [...] (Erläuterungen, S. 105 f.).

Kleists Erzählung scheint im Laufe von 200 Jahren weder in ihrer Erzähltechnik (in ihrem forschenden, genauen Blick auf die Menschen) noch in den Fragen nach der Erkennbarkeit der Welt und der Selbstidentität des Subjekts gealtert zu sein. Und sie ist in ihrer inneren Stimmigkeit ähnlich überzeugend und zugleich rätselhaft wie die Hauptfigur selbst, sodass keine Erschließungsmethode und keine Interpretation endgültig genannt zu werden verdienen.

Literaturhinweise

Verwendete Buchausgabe
HEINRICH VON KLEIST: *Sämtliche Erzählungen*, 17. Auflage, München: dtv 2005

Werkausgabe
HEINRICH VON KLEIST: *Sämtliche Werke und Briefe*. Hg. von Helmut Sembdner. München: dtv 2001

HEINRICH VON KLEIST: *Sämtliche Briefe*. Hg. von Dieter Heimböckel. Stuttgart: Reclam 1999

Ausgewählte Sekundärliteratur
GÜNTER BLÖCKER: *Heinrich von Kleist oder Das absolute Ich*. Berlin: Argon Verlag 1960
Ein alter Forschungsbeitrag zu Kleist, der aber in seiner Werkkenntnis und besonders in seinen Sprachanalysen Maßstäbe gesetzt hat.

SABINE DOERING: *Erläuterungen und Dokumente zu: Heinrich von Kleist, Die Marquise von O...* Reclam: Stuttgart 2004; zitiert als: Erläuterungen
Gewohnt zuverlässige Sammlung von Dokumenten, die sonst nur verstreut aufzuspüren wären.

KARLHEINZ FINGERHUT: *Figurenspiel oder politische Allegorie. Deutungsvarianten für den Literaturunterricht zu Heinrich von Kleists Die Marquise von O...* In: Diskussion Deutsch 118 (1991), S. 140–162

LÁSZLÓ F. FÖLDÉNYI: *Heinrich von Kleist – Im Netz der Wörter*.
München: Matthes & Seitz Verlag 1999
Keine systematische Forschungsarbeit, sondern das essayistische
Spiel eines profunden Kleistkenners. Statt durchgehender Beiträge gibt der Autor in alphabetischer Ordnung von „Ach" bis
„Zufall" Artikel zu Kleists Hauptmotiven und -begriffen. Eine
Fundgrube und ein Vergnügen.

DIETER HEIMBÖCKEL: *Emphatische Unaussprechlichkeit. Sprachkritik im Werk Heinrich von Kleists*. Reihe „Palaestra", Bd. 319;
Göttingen: Vandenhoeck & Ruprecht 2003
Fortsetzung und Aktualisierung des Ansatzes von Blöcker. Entromantisierung der Blöckerschen Auffassung von der Überlegenheit der Geste über das Wort.

HERBERT KRAFT: *Kleist. Leben und Werk*. Münster: Aschendorff
Verlag 2007
Detailreiche, mit Sinn fürs Zeitkolorit geschriebene Lebensdarstellung. Gut lesbar, recht knapp und doch aufschlussreich in
allen biografischen Fragen. Der Anspruch jedoch, zugleich
Kurzinterpretationen zu allen Werken liefern zu wollen, misslingt: Der Beitrag zur *Marquise von O...* ist grob.

JOSEF KUNZ: *Die deutsche Novelle zwischen Klassik und Romantik*.
Berlin: Erich Schmidt Verlag 1966
Darin ein feingliedriger und sensibler Beitrag zur Tiefenstruktur
der *Marquise von O...* Besonders herausgearbeitet: das antiromantische „Liebeswagnis" angesichts des inneren Chaos zweier
Menschen.

THOMAS MANN: *Heinrich von Kleist und seine Erzählungen*. In:
Leiden und Größe der Meister. Frankfurt am Main: Fischer Verlag 1982; S. 495–515

WALTER MÜLLER-SEIDEL: *Die Struktur des Widerspruchs in Kleists „Marquise von O."* In: Wege der Forschung: Heinrich von Kleist. Darmstadt: Wissenschaftliche Buchgesellschaft 1967
Müller-Seidel setzt bei genauen Sprach- und Stilanalysen als dem Fundament für weitere Argumentationen an.

HANS-GEORG SCHEDE: *Heinrich von Kleist.* Rororo-Monografie, Reinbek bei Hamburg: Rowohlt Taschenbuch Verlag 2008
Auf 142 Seiten eine ausnehmend klare Darstellung von Leben und Lebensproblematik des Dichters. Eingefügt finden sich gute Einführungen in Kleists wichtigste Werke.

JOCHEN SCHMIDT: *Heinrich von Kleist – Die Dramen und Erzählungen in ihren Epochen.* Darmstadt: Wissenschaftliche Buchgesellschaft 2003
Straff und verständlich geschriebene Interpretationen, die sich bei dem Vieldeutigen in Kleists Erzählen nicht allzu lange aufhalten. Kleist wird als eindeutiger Erbe der Aufklärung (statt als Dichter mit romantischer Tendenz) verstanden.

GERHARD SCHULZ: *Heinrich von Kleist – Eine Biographie.* München: C. H. Beck Verlag 2007
Sehr gediegene, kenntnis- und umfangreiche Biografie eines ausgewiesenen Kleist-Forschers.

BEITRÄGE ZUR KLEIST-FORSCHUNG werden jährlich vom Kleist-Museum Frankfurt (Oder) herausgegeben. Die Heinrich-von-Kleist-Gesellschaft (Sitz Berlin) gibt ein Jahrbuch heraus; im Zwei-Jahres-Turnus verleiht sie zusammen mit anderen Institutionen den hochdotierten Kleist-Preis.

Anmerkungen

1 GERHARD SCHULZ: Kleist. Eine Biographie. München: C. H. Beck Verlag 2007 – JENS BISKY: Kleist. Eine Biographie. Berlin: Rowohlt 2007 – HERBERT KRAFT: Kleist. Leben und Werk. Münster: Aschendorff Verlag 2007 – ADAM SOBOCZYNSKI: Versuch über Kleist; Die Kunst des Geheimnisses um 1800. Berlin: Matthes & Seitz 2007

2 Kleist wollte vier Auslassungspunkte hinter den Initialen der Personen O, F, G, drei hinter den Ortsnamen von M und V. Heutige Textausgaben setzen drei Punkte, die die Sekundärliteratur auf einen Punkt verkürzen darf.

3 Das Kleist-Museum in Frankfurt/Oder zeigte 2008 die Ausstellung: Heinrich von Kleist im „Dritten Reich".

4 PETER VON MATT: Liebesverrat. Die Treulosen in der Literatur. München: dtv 2001, S. 331

Ihre Anregungen sind uns wichtig!

Liebe Kundin, lieber Kunde,

der STARK Verlag hat das Ziel, Sie effektiv beim Lernen zu unterstützen. In welchem Maße uns dies gelingt, wissen Sie am besten. Deshalb bitten wir Sie, uns Ihre Meinung zu den STARK-Produkten in dieser Umfrage mitzuteilen.

Unter *www.stark-verlag.de/ihremeinung* finden Sie ein Online-Formular. Einfach ausfüllen und Ihre Verbesserungsvorschläge an uns abschicken. Wir freuen uns auf Ihre Anregungen.

www.stark-verlag.de/ihremeinung

Richtig lernen, bessere Noten
7 Tipps wie's geht

1. 15 Minuten geistige Aufwärmzeit Lernforscher haben beobachtet: Das Gehirn braucht ca. eine Viertelstunde, bis es voll leistungsfähig ist. Beginne daher mit den leichteren Aufgaben bzw. denen, die mehr Spaß machen.

2. Ähnliches voneinander trennen Ähnliche Lerninhalte, wie zum Beispiel Vokabeln, sollte man mit genügend zeitlichem Abstand zueinander lernen. Das Gehirn kann Informationen sonst nicht mehr klar trennen und verwechselt sie. Wissenschaftler nennen diese Erscheinung „Ähnlichkeitshemmung".

3. Vorübergehend nicht erreichbar Größter potenzieller Störfaktor beim Lernen: das Smartphone. Es blinkt, vibriert, klingelt – sprich: Es braucht Aufmerksamkeit. Wer sich nicht in Versuchung führen lassen möchte, schaltet das Handy beim Lernen einfach aus.

4. Angenehmes mit Nützlichem verbinden Wer englische bzw. amerikanische Serien oder Filme im Original-Ton anschaut, trainiert sein Hörverstehen und erweitert gleichzeitig seinen Wortschatz. Zusatztipp: Englische Untertitel helfen beim Verstehen.

5. In kleinen Portionen lernen Die Konzentrationsfähigkeit des Gehirns ist begrenzt. Kürzere Lerneinheiten von max. 30 Minuten sind ideal. Nach jeder Portion ist eine kleine Verdauungspause sinnvoll.

6. Fortschritte sichtbar machen Ein Lernplan mit mehreren Etappenzielen hilft dabei, Fortschritte und Erfolge auch optisch sichtbar zu machen. Kleine Belohnungen beim Erreichen eines Ziels motivieren zusätzlich.

7. Lernen ist Typsache Die einen lernen eher durch Zuhören, die anderen visuell, motorisch oder kommunikativ. Wer seinen Lerntyp kennt, kann das Lernen daran anpassen und erzielt so bessere Ergebnisse.